"十四五"职业教育国家规划教材

职业教育经济管理类
新形态系列教材

U0734627

电子商务概论与案例分析

微课版 第3版

陈德人◎主编

冯娟◎副主编

人民邮电出版社

北京

图书在版编目（CIP）数据

电子商务概论与案例分析 : 微课版 / 陈德人主编
. -- 3版. -- 北京 : 人民邮电出版社，2024.8
职业教育经济管理类新形态系列教材
ISBN 978-7-115-64415-2

Ⅰ. ①电… Ⅱ. ①陈… Ⅲ. ①电子商务－案例－职业
教育－教材 Ⅳ. ①F713.36

中国国家版本馆CIP数据核字(2024)第096397号

内 容 提 要

本书对电子商务的相关知识进行了系统介绍，包括电子商务基础知识、电子商务技术、电子商务的
商业模式、网络营销、电子商务物流与供应链管理、客户关系管理、电子商务安全与支付、电子商务应
用等内容。本书采用项目任务式结构，首先讲解实施任务需要具备的理论知识，然后通过任务实施、案
例分析培养读者的实际操作能力与分析能力，帮助读者尽快掌握所学内容。

本书可作为电子商务、跨境电商等专业相关课程的教材，也可作为电子商务等相关行业从业人员的
参考书。

◆ 主　　编　陈德人

副 主 编　冯　娟

责任编辑　赵广宇

责任印制　胡　南

◆ 人民邮电出版社出版发行　　北京市丰台区成寿寺路 11 号
邮编　100164　电子邮件　315@ptpress.com.cn
网址　https://www.ptpress.com.cn
天津画中画印刷有限公司印刷

◆ 开本：787×1092　1/16
印张：11.75　　　　　　　　2024 年 8 月第 3 版
字数：256 千字　　　　　　2025 年 9 月天津第 4 次印刷

定价：56.00 元

读者服务热线：(010)81055256　印装质量热线：(010)81055316
反盗版热线：(010)81055315

前　言

党的二十大报告指出："培养造就大批德才兼备的高素质人才，是国家和民族长远发展大计。""完善人才战略布局，坚持各方面人才一起抓，建设规模宏大、结构合理、素质优良的人才队伍。"伴随着经济的全球化及信息技术的日新月异，电子商务已渗透到社会生活的方方面面，而电子商务的高速发展也对电子商务人才的培养提出了更高的要求。

为了培养技能型人才，提高电子商务课程的教学质量，编者编写了《电子商务概论与案例分析（微课版）》，后续又进行了修订，推出了《电子商务概论与案例分析（微课版 第2版）》。距离第2版出版已经过去了较长时间，电子商务有了长足的发展，电子商务行业也出现了一些新的概念和模式。因此，编者又在第2版的基础上修订得到了本书——《电子商务概论与案例分析（微课版 第3版）》。

※ 本书修订策略

本次修订在第2版的基础上做了以下优化。

（1）删减过时的、实用性不强的内容，如网络市场调查、网店的建设与运营等；加入了一些新知识，如物联网、大数据、人工智能等新兴技术，以及短视频营销、智慧物流、供应链管理、智能客服、内容电商、直播电商等内容。

（2）增加了实训和案例所占篇幅的比重；增加了素养教育相关的内容；对章前引导案例、课后练习题进行了更新。

（3）将章节式结构调整为项目任务式结构，每个项目以"项目导入→任务准备→任务实施→案例分析→项目总结→巩固提升"的流程展开：先通过"项目导入"引入项目的学习目标，通过引导案例激发读者的学习兴趣；再通过"任务准备"详细介绍相关的理论知识，完善理论体系；接着通过"任务实施"进行任务操作和实践；然后通过"案例分析"对典型的案例进行讲解与分析；紧接着通过"项目总结"对当前项目所讲述的内容进行复盘；最后通过"巩固提升"进行习题练习，强化读者的实操能力。

※ 本书特色

本书采用理论和实践相结合的形式，深入细致地介绍了电子商务的相关知识，为读者提供理论的讲解与实践技能的指导。本书具有以下特色。

（1）**思路清晰，知识分布合理**。本书从宏观角度出发，合理布局知识，围绕支撑电子商务活动的各项内容进行介绍，内容讲解循序渐进、由浅入深，使读者对电子商务有一个全方位的了解。

（2）**落实立德树人根本任务，重视素养培育**。本书全面贯彻党的二十大精神，在"项目导入"部分设置了"素养目标"模块，并在"任务准备"部分设置了"素养提升"模块，实现理论知识与素养教育的深度结合，以期培养德才兼备的高素质人才。

（3）**配套资源丰富，赋能立体化教学**。本书对应项目配有二维码，二维码中的内容既包含对书中知识点的说明、补充和扩展，也包含对重难点知识的讲解。通过扫描二维码，读者可以直接查看相关知识和观看视频，从而加深对相关知识的理解。此外，本书还提供PPT课件、习题参考答案、模拟试卷、电子教案、教学大纲、题库系统等资源，用书教师可登录人邮教育社区（www.ryjiaoyu.com）免费下载。

本书由陈德人担任主编，由冯娟担任副主编。由于编者水平有限，书中难免存在不足之处，恳请广大读者批评指正。

编者

2024 年 6 月

目　录

项目一
走进电子商务

项目导入

项目名称：走进电子商务	学习课时：8 课时
学习目标	

知识目标	（1）掌握电子商务基础知识 （2）熟悉电子商务岗位及电子商务法律环境相关知识
素养目标	（1）熟悉电子商务相关法律法规，增强运用法律保障自身权益的意识 （2）培养踏实肯干的精神，努力提升综合能力

引导案例

苏宁的转型之路

苏宁创办于 1990 年，最初是一家传统的电器零售实体企业，主要经营家电和 3C 产品，一度发展势头良好。然而，电子商务的崛起及市场环境的变化使得苏宁在 2010 年陷入销售量下滑的困境。

在这样的背景下，苏宁决定转型，推出了苏宁网上商城，开始尝试线上销售。最初，苏宁的转型策略主要是将线上作为线下的补充，而非全面转型。2012 年，苏宁提出"去电器化"的品牌发展战略，增加了图书、百货等品类。2012 年 9 月，苏宁的 Logo 里去掉了"电器"二字；同年，苏宁全资收购母婴平台"红孩子"，正式向全品类经营扩展。

2013 年初，苏宁打造了线上线下多渠道融合、全品类经营、开放平台服务的业务形态，并实行线上线下同品同价。2014 年，苏宁成立独立的物流公司，还调整了组织架构，启用了一批具备互联网运营背景的高管人员。2017 年，苏宁提出"智慧零售"大发展战略，以全新的智慧零售模式推动线下零售业的发展，利用大数据等技术对用户数据进行挖掘、分析和运用，打造线上线下融合的场景化购物体验。2023 年，苏宁重点构建"苏宁易家广场＋苏宁易家旗舰店＋苏宁易购城市旗舰店＋苏宁易购标准店"店面矩阵，加速推进家电、家装、家居、多元服务业态融合。

从传统电器零售到全品类线上商城，再到线上线下融合的智能零售，苏宁的一次次转型不仅是其自身发展的选择，也是我国电子商务发展的缩影。

思考：从外部因素来看，苏宁为什么要进行一次又一次的转型？

注意事项

疑难点	电子商务的分类和发展、电子商务相关法律法规
资料收集	（1）预习课本内容，做好笔记 （2）通过课本或网络收集电子商务岗位和法律的相关资料

任务准备

任务一　电子商务基础

随着互联网技术的成熟与经济的不断发展，电子商务蓬勃发展，这不仅带来商业模式的巨大变革，也为企业提供了更多机遇。此外，电子商务的发展还极大地改变了人们的生活方式，让电子商务成为人们日常生活中密不可分的一部分。

一、电子商务的含义与概念模型

电子商务通常是指在世界各地广泛的商业贸易活动中，在开放的网络环境下，基于客户端/服务端应用方式，买卖双方不谋面地进行各种商贸活动，实现用户的网上购物、商户之间的网上交易和在线电子支付以及各种商务活动、交易活动、金融活动和相关综合服务活动的一种新型商业运营模式。对于电子商务而言，"电子"是一种技术、一种手段，"商务"是核心目的，一切的手段都是为了达到目的而产生的。

电子商务的概念模型是对现实世界中电子商务活动的一种抽象描述，它由电子商务实体、电子市场（Electronic Market，EM）、交易事务，以及信息流、资金流、商流、物流等基本要素构成。图1-1所示为电子商务的概念模型。

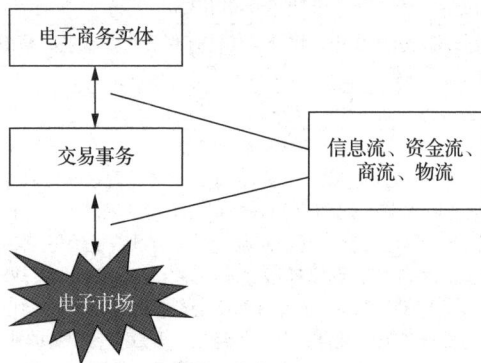

图1-1　电子商务的概念模型

电子商务的概念模型中各要素的含义如下。

（1）电子商务实体。电子商务实体是指能够从事电子商务活动的客观对象，可以是企业、银行、政府机构、科研教育机构或个人等。

（2）电子市场。电子市场是指电子商务实体从事商品或服务交换的场所，由各种商务活动的参与者利用各种通信装置，通过网络连接成一个统一的经济整体。

（3）交易事务。交易事务是指电子商务实体之间所从事的具体商务活动的内容，如询价、报价、转账支付、广告宣传和商品运输等。

（4）信息流、资金流、商流、物流。通常，电子商务交易离不开信息流、资金流、商流和物流这几个基本要素。其中，信息流是指在电子商务交易中交换的所有电子化信息，包括商品信息、价格信息、交易规则、用户评价、广告等；资金流是指资金的转移过程，如付款、转账、结算和兑换等；商流是指买卖或者交易活动过程，商流活动中会发生商品所有权的转移；物流是指商品或服务从供应商向需求者的移动，包括配送、运输、保管、包装和装卸等多项活动。上述4个基本要素的关系可以表述为：以物流为物质基础，以商流为表现形式，以信息流贯穿始终，引导资金流正向流动的动态过程。

二、电子商务的组成要素

电子商务的组成要素包括网络、用户和企业、认证机构、金融机构、物流配送系统、电子商务服务商。

（1）网络。电子商务的基础是互联网，它提供连接用户、企业和各种电子服务的平台。

（2）用户和企业。电子商务的关键参与方是用户和企业。用户通过在线平台浏览和购买商品和服务，而企业则提供这些商品和服务，并通过电子手段进行销售。

（3）认证机构。在电子商务活动中，认证机构起到确保交易安全的重要作用。认证机构可能包括数字证书颁发机构、支付网关和其他安全认证机构，用于验证网站和用户身份。

（4）金融机构。电子商务活动涉及在线支付和金融交易，由金融机构提供支付、结算和资金管理等服务，确保交易的安全和顺利进行。

（5）物流配送系统。电子商务活动的成功还需要有效的物流配送系统。物流配送系统负责根据企业的送货要求，组织运送商品，并跟踪物流信息，最终将商品送到用户手中。

（6）电子商务服务商。这包括提供各种电子商务解决方案的服务提供商，涉及网站搭建、支付处理、数字营销、客户服务等多个领域。

三、电子商务的分类

按电子商务的交易对象、交易过程完整程度和交易地域范围，电子商务可以划分为不同的种类。

1. 按交易对象划分

电子商务的交易对象主要包括企业（Business）、政府（Government）和个人用户（Consumer），按照商务信息在交易对象之间的不同流向，电子商务可以分为以下几种类型。

（1）企业与个人用户之间的电子商务。企业与个人用户之间（Business to Consumer，B2C）的电子商务是指企业与个人用户之间进行商品或服务交易的商业模式。

（2）企业与企业之间的电子商务。企业与企业之间（Business to Business，B2B）的电子商务是指企业与企业之间通过网络进行数据信息的交换、传递，开展交易活动的商业模式。

（3）个人用户与个人用户之间的电子商务。个人用户与个人用户之间（Consumer to Consumer，C2C）的电子商务是指个人用户与个人用户通过网络平台实现交易的一种商业模式。

（4）个人用户与企业之间的电子商务。个人用户与企业之间（Consumer to Business，C2B）的电子商务是指先由个人用户提出需求，然后由企业按照个人用户的需求组织生产、货源的一种商业模式。C2B的特点是个人用户能够根据自身需求定制商品和价格，或主动参与商品的设计、生产和定价，这是一种体现个人用户个性化需求的商业模式。

（5）电子政务。电子政务是指政府机构运用现代计算机和网络技术，将其管理和服务职能转移到网络上去完成，同时实现组织结构和工作流程的重组优化，超越时间、空间和部门分隔的制约，向全社会提供高效优质、规范透明和全方位的管理和服务。根据参与电子政务的主体及其信息流向的不同，电子政务可以分为以下 3 种类型。

① 企业与政府之间的电子商务。企业与政府之间（Business to Government，B2G）的电子商务是指企业通过互联网向政府机构销售产品或提供服务的电子商务模式，如电子通关、电子报税等。在 B2G 的电子商务活动中，政府扮演着双重角色：一是电子商务的使用者角色，进行购买活动属于商业行为；二是电子商务的宏观管理者角色，对电子商务起到管理和规范的作用。

② 用户与政府之间的电子商务。用户与政府之间（Consumer to Government，C2G）的电子商务是指政府将部分业务放在网络上，让用户可以通过网络在线办理个人业务，如网上个人报税、网上缴纳保险费用等。

③ 政府与政府之间的电子商务。政府与政府之间（Government to Government，G2G）的电子商务是指政府间利用网络开展诸如政府部门间的信息共建共享、各级政府间的远程视频会议等活动。

专家指导

电子商务的快速发展对传统的实体企业产生了较大的冲击，实体企业为了留住用户、保持正常运转，必须进行改革。部分电子商务企业在发展过程中也发现，单纯的网络模式可能无法支撑网络零售的长远发展，因而线上线下共同交易（Online to Offline，O2O）的电子商务模式出现了。O2O 是指将线下交易与互联网结合在一起，让互联网成为线下交易的"前台"，实现线上购买、线下服务。O2O 主要针对在网上无法实际体验或使用的服务或项目，如理发、美容、美食、旅游等。

---

2. 按交易过程完整程度划分

以商品或服务的形成作为交易过程的起点，以商品交付或服务实施作为交易过程的终点，按照交易过程完整程度，电子商务可分为完全电子商务和不完全电子商务。

（1）完全电子商务。完全电子商务是指交易过程中涉及的所有信息，如商品信息、物流信息、支付信息等都能够在网络上完成交付，即商品或服务的整个商务过程都可以在网络上完成的电子商务。完全电子商务适用于数字化的商品或服务，如计算机软件、电子书籍、远程教育和网上订票服务等。该形式下，供求双方可以直接在网络上完成订货或申请服务、货款的电子支付与结算、交付商品或实施服务等全过程，无须借助其他手段。

（2）不完全电子商务。不完全电子商务是指先基于网络解决好信息交流的问题，使交易双方通过网络结识、洽谈，然后通过传统渠道进行支付和物流运输的电子商务。

3. 按交易地域范围划分

按照交易地域范围进行划分，电子商务可分为本地电子商务、远程国内电子商务和全球电子商务。

（1）本地电子商务。本地电子商务是指在本地区范围内开展的电子商务活动，具备涉及的地域范围小，货物配送速度快、成本低等特点。本地电子商务通过互联网、内联网或专用网络，将用于商务活动的系统连接在一起，很好地解决了支付、配送和售后服务等问题。

（2）远程国内电子商务。远程国内电子商务是指在本国范围内进行的电子商务活动，其交易的地域范围比本地电子商务更大，参与商务活动的各方可能分布在国内不同的省区市，远程国内电子商务对软件、硬件和技术的要求更高。

（3）全球电子商务。全球电子商务是指在全世界范围内进行的电子商务活动，是范围最广的电子商务活动。全球电子商务的业务内容繁杂，数据来往频繁，其相关的协调工作和法律惯例规范都是全球性的，要求具备严格、准确、安全和可靠的电子商务系统，并制定全球统一的电子商务标准和电子商务贸易协议。

四、电子商务的发展

近年来电子商务取得了瞩目的发展，已从以计算机和有线互联网为基础的传统电子商务发展为新电子商务。就目前来看，电子商务的发展趋势受到技术的决定性影响，展望未来，前沿技术将为电子商务带来更多新的可能。

1. 从传统电子商务到新电子商务

新电子商务是以数据为核心要素，以大数据、人工智能（Artificial Intelligence，AI）等数字技术为支撑，以数字化平台为载体，以用户为中心，在新一代信息技术与商贸活动的融合创新下衍生的新业态。与传统电子商务相比，新电子商务有以下 3 个主要特征。

（1）从功能型消费向体验式消费转变。传统电子商务更注重商品的功能和实用性，而当下新生代用户成为消费主力，他们的消费需求已经超越功能型需求，延伸至精神、情感、文化、社交、娱乐等方面，因此新电子商务更注重购物体验，让用户在购物过程中获得更多的乐趣和满足感。例如，在某品牌直播间中，用户不仅可以观看商品的使用演示，还可以以粉丝的身份决定直播的进程、参与游戏互动、与直播间的其他粉丝交流，这种购物过程增强了用户的归属感、自我认同感等。

（2）以商品为中心到以用户为中心。传统电子商务以商品为中心，企业关注的是让自己的商品从众多竞品中脱颖而出（如通过提升搜索结果排名来获取更多流量）。而在新电子商务中，商家和电子商务平台开始转向以用户为中心，基于用户画像和数据分析，为用户提供个性化的服务和商品推荐，把合适的商品直接推送给感兴趣的用户，促使用户更快地做出购买决策。

（3）从单一消费场景到多场景融合。随着相关技术的成熟，以及消费需求的升级，新电子商务不再局限于单一消费场景，而是通过融合不同领域的元素，创造更多元化的消费场景。例如，运动 App 通过获取用户的运动数据，发现其经常跑步，因而为其精准推荐运动鞋、护膝等商品，实现"电子商务＋体育"的场景融合。又如，某品牌通过将商品作为道具植入剧情短视频中，实现"电子商务＋娱乐"的场景融合。

2. 前沿技术为电子商务带来新可能

随着生成式人工智能（Generative Artificial Intelligence，GAI）、元宇宙等技术的快速发

展,可以预见的是,未来电子商务将迎来更多创新应用场景,用户的购物体验将进一步升级。

(1)GAI将全面应用于电子商务各场景。GAI是指通过学习大规模数据集生成原创内容的新型人工智能,其典型代表有文心一言、ChatGPT。目前,阿里巴巴、京东、拼多多等电子商务参与者都在GAI领域大力投入,电子商务行业内已经出现诸如智能客服、AI数字人直播、智能营销内容生成等GAI应用,但目前这些应用还不够成熟。可以预见的是,未来GAI将全面应用于各种电子商务场景,为用户提供全方位的智能化消费体验。

素养提升

可以预见的是,未来GAI将承担大量重复性、基础性的工作,这使得人类可以更专注于更具创造性和复杂性的工作。因此,学生需要着重培养创新能力,要能够独立思考、解决复杂问题,并提出创新性的解决方案。这包括培养跨学科的思维,能够在不同领域之间进行有机的连接,以应对未来更为综合和复杂的挑战。

---

(2)元宇宙有望搭建虚拟化电子商务。元宇宙是一种集成众多现有技术的新型数字生活空间,由人类运用数字技术构建,可以映射或超越现实世界,并与现实世界进行交互。"元宇宙+电子商务"是未来电子商务的一种创新模式,有望将商品和服务演化为虚拟形态,同时将用户转化为虚拟人。在元宇宙中,利用计算机图形系统和辅助传感器,可以生成可交互的三维购物环境,用户可以直接与虚拟世界中的人和物进行交互,实现多感官交互,获得沉浸式的购物体验。

任务二 电子商务岗位

随着电子商务的迅猛发展,电子商务行业对于人才的需求也迅速增长,各种各样的电子商务岗位开始出现,对从业者提出了不同的要求。

一、电子商务就业方向

电子商务就业方向比较广泛,主要包括技术类岗位、商务类岗位和综合管理类岗位。

1. 技术类岗位

技术类岗位是为电子商务提供技术支持的岗位,要求从业者精通电子商务技术,能够应用技术实现电子商务活动的各种功能。技术类岗位主要分为以下3类。

(1)电子商务开发工程师。电子商务开发工程师负责电子商务平台的系统设计、开发和维护,需掌握相关技术,如前端开发、后端开发、数据库管理等。

(2)数据分析师。数据分析师利用大数据技术分析用户行为、市场趋势,提供决策支持和优化建议。

(3)电子商务平台运维工程师。电子商务平台运维工程师负责电子商务平台的日常运营、维护和故障排除。

2. 商务类岗位

商务类岗位是应用操作型岗位，要求从业者熟悉商务活动的基本原理和规律，懂得使用网络来开展商务活动。商务类岗位主要包括以下3类。

（1）电子商务平台运营专员。电子商务平台运营专员负责电子商务平台的日常运营工作，包括商品上架、促销活动策划、订单处理等。

（2）电子商务市场推广专员。电子商务市场推广专员负责制定并执行电子商务平台的市场推广策略，提高品牌知名度和销售额。

（3）跨境电子商务专员。跨境电子商务专员负责管理跨境电子商务业务，处理国际贸易相关事务。

3. 综合管理类岗位

综合管理类岗位要求从业者对电子商务行业有全面的认识，能够从宏观的角度把握电子商务行业，具备较强的综合素质和管理能力。综合管理类岗位主要包括以下两类。

（1）电子商务项目经理。电子商务项目经理负责管理电子商务项目的全过程，包括规划、执行、监控和总结，确保项目按时、按质完成。

（2）电子商务总监。电子商务总监负责整个电子商务业务的战略规划和管理，直接参与决策层级的工作。

二、电子商务岗位职责与能力要求

电子商务岗位的种类很多，就目前而言，市面上常见的电子商务岗位类别主要有电子商务平台运营专员、互联网营销师、客户服务专员、移动商务运营专员、美工、数据分析师、跨境电子商务运营专员等。各岗位的职责与能力要求如表1-1所示。

> **课堂讨论：**
> 你想从事电子商务哪一类岗位？你觉得自己还需要在哪些方面进行提高？

表1-1　电子商务岗位职责与能力要求

岗位类别	岗位职责	能力要求
电子商务平台运营专员	（1）负责网店日常维护、商品上下架，运用电子商务平台提供的数据分析工具分析日常经营数据并进行优化 （2）制定促销方案，定期评估推广效果并及时调整 （3）使用平台营销工具进行推广	（1）熟悉主流电子商务平台的运营流程和规则，能够独立完成日常运营工作 （2）灵活应用电子商务平台提供的各种推广工具，提升流量和销售业绩 （3）具备一定的数据分析能力，能够监控、分析并解读经营数据
互联网营销师	（1）策划和执行网络营销活动，包括网络广告投放、社交媒体推广、搜索引擎优化、网络直播优化等 （2）制定渠道运营策略，确保销售渠道的高效运转和拓展 （3）进行市场调研，了解目标市场的竞争状况，发现新的销售渠道，并进行有效的拓展和维护	（1）具备网络营销与直播策划、网络销售、数字化运营、新媒体推广等知识的综合运用能力 （2）具备渠道运营策划、销售渠道拓展维护、渠道绩效管理、商品策划与评估分析、行业定位分析、销售策略制定的能力 （3）具备市场调研与运营方案策划推广、用户社群运营、运营推广效果监测的能力 （4）具备直播策划与运营、流量引入、直播数据分析与优化的能力

续表

岗位类别	岗位职责	能力要求
客户服务专员	负责与客户沟通，收集客户的基本信息，发展并维护良好的客户关系，完成售前、售中、售后服务工作	（1）具备良好的沟通能力和服务意识，能够耐心、专业地处理各种客户问题和投诉 （2）具备一定的销售意识，善于分析客户需求，能有针对性地向客户推荐商品 （3）具备压力处理能力和团队合作精神
移动商务运营专员	（1）负责内容策划、内容创作、内容分发与传播 （2）完成产品的市场分析，制定并实施商品推广方案 （3）策划用户运营方案，分析用户数据，组织管理用户社群 （4）开展新媒体营销，制定营销策略，制作营销素材，并投放引流	（1）具备内容运营能力，能创作出有吸引力的内容 （2）具备产品运营能力，对商品有深刻理解，能深入分析市场，洞察趋势和竞争情况，为产品推广提供方向 （3）具备用户运营能力，能制定有效的用户运营方案，提高用户参与度和忠诚度，并有效组织和管理用户，促进用户互动 （4）具备新媒体营销能力，能实现较好的营销效果
美工	负责网店的页面设计、商品图片处理、广告素材制作等美工工作	（1）熟练使用 Photoshop、Dreamweaver、CorelDRAW、Adobe Illustrator 等设计软件，具备良好的设计审美能力 （2）具备移动端界面设计能力，能根据需求完成元素设计、界面设计、创意设计、促销设计、交互页面设计等工作 （3）具备一定的商品摄影和后期处理能力，提升商品形象和视觉效果
数据分析师	（1）收集并整理市场、商品、客户和销售等各个方面的数据 （2）进行数据分析，提供数据分析报告，以帮助企业制定战略决策	（1）具备对市场、商品、客户、销售、采购、仓储、物流、质量、安全等数据进行分析，并撰写分析报告的能力 （2）具备运用数据可视化工具，对项目数据结果进行展现的能力，以及一定的项目管理和系统解决问题的能力 （3）具备结构化思维和逻辑思维能力，以及一定的数据敏感性，能够通过数据分析挖掘数据背后的价值和需求
跨境电子商务运营专员	（1）进行跨境电子商务市场分析，制定跨境电子商务运营策略 （2）制定并实施跨境电商营销策略 （3）确保跨境物流通畅，协调供应链 （4）建立健全的跨境客户服务体系，提供高效的售前、售中、售后服务	（1）具备进行跨文化沟通、海外营销推广的能力 （2）具备根据跨境商务数据分析制定总体运营方案的能力 （3）具备跨境物流管理与服务、跨境采购与供应链管理的能力

素养提升

　　此外，所有电子商务岗位的通用能力要求还包括：具有诚实守信的职业道德和互联网安全意识，遵守与电子商务相关的法律法规；具有良好的学习能力、表达沟通能力和团队合作精神，具有批判性思维、创新能力；具有探究学习、终身学习和可持续发展的能力。

任务三　电子商务的法律环境

和传统商务类似，电子商务的交易活动要想高效、有序地进行，必须要有成熟统一的法律规范。只有拥有稳定、安全的法律环境，电子商务才能健康、持续地发展。

一、电子商务涉及的法律问题

电子商务涉及的法律问题很多，主要包括以下几个方面。

1. 消费者权益涉及的法律问题

在电子商务中，消费者权益的保护是非常重要的法律问题。消费者在购买商品或服务时，应享有公平交易权、知情权、选择权、安全权等基本权利。然而，由于网络交易的虚拟性和复杂性，消费者往往面临信息不对称、欺诈行为、商品质量问题等风险。因此，电子商务平台应依法采取必要措施保护消费者权益，如提供真实准确的商品信息、保障交易安全、处理消费者投诉等。

> 课堂讨论：
>
> 作为消费者，你是否在网购过程中遇到过权益被侵害的情况？你是如何处理的？

2. 电子支付涉及的法律问题

电子支付是电子商务的重要组成部分，涉及的法律问题主要包括支付安全、隐私保护等方面。在电子支付过程中，消费者和商家应确保支付信息的保密性和完整性，防止支付信息被他人非法获取或篡改。同时，电子商务平台和银行等金融机构应遵守相关法律法规，保护消费者的隐私权和财产安全，对因疏忽或故意行为导致的损失承担法律责任。

3. 电子合同涉及的法律问题

电子合同是电子商务中常见的合同形式，其订立和履行与传统书面合同有所不同。在电子合同中，双方应明确约定交易条件、履行方式、争议解决方式等重要事项，并遵守相关法律法规。同时，电子商务平台应提供可靠的电子签名和认证服务，确保电子合同的合法性和有效性。

4. 不正当竞争涉及的法律问题

网络带来了新的经营环境和方式，同时也带来了一些不正当竞争行为。这些不正当竞争行为主要包括两个方面：一是入驻电子商务平台的商家之间的不正当竞争行为，如通过刷单获取竞争优势，发布恶评抹黑竞争对手，影响其信誉；二是电子商务平台之间的不正当竞争行为，如规模和实力强大的电子商务平台强制要求商家不得入驻其他电子商务平台。

5. 电子商务税收涉及的法律问题

随着电子商务的快速发展，如何对电子商务活动合理纳税成为一个重要的法律问题。在税收方面，电子商务与传统商务的区别在于，电子商务交易活动的无形性和跨国性。因此，各国政府需要制定相应的税收政策和法规，以适应电子商务的发展。

6. 知识产权涉及的法律问题

电子商务领域知识产权涉及的法律问题较广泛,包括商标侵权(销售仿冒商标的商品)、专利侵权(销售侵犯他人专利权的商品)、著作权侵权(未经授权使用他人创作的图片、音乐、视频等)、网络域名抢注(恶意注册与知名商标、品牌相关的域名,导致混淆)等。电子商务的虚拟性使得保护知识产权变得非常困难,仅靠加密等技术手段无法解决知识产权保护问题,还需要法律的支持。

二、电子商务相关法律法规

我国一直在不断完善电子商务的相关法律法规,针对电子商务涉及的法律问题,相关法律法规已经做出了明确规定。

1. 与消费者权益相关的法律法规

在电子商务中,大量涉及法律的问题是与消费者权益相关的。为了保障消费者的权益,我国从多方面做出了相关规定,如表1-2所示。

表 1-2　与消费者权益相关的法律法规

法律问题	相关法律规定
商品及服务质量保障	《中华人民共和国电子商务法》(以下简称《电子商务法》)第十三条规定:"电子商务经营者销售的商品或者提供的服务应当符合保障人身、财产安全的要求和环境保护要求,不得销售或者提供法律、行政法规禁止交易的商品或者服务。"
商品或服务信息的公示	《电子商务法》第十七条规定:"电子商务经营者应当全面、真实、准确、及时地披露商品或者服务信息,保障消费者的知情权和选择权。电子商务经营者不得以虚构交易、编造用户评价等方式进行虚假或者引人误解的商业宣传,欺骗、误导消费者。"
	《电子商务法》第四十条规定:"电子商务平台经营者应当根据商品或者服务的价格、销量、信用等以多种方式向消费者显示商品或者服务的搜索结果;对于竞价排名的商品或者服务,应当显著标明'广告'。"这项条款是对电子商务平台竞价排名和广告标注义务的要求,让消费者可以自主选择商品或服务的查看方式,并辨别出通过竞价排名获得靠前位置的商品或服务。
	《中华人民共和国广告法》第四条规定:"广告不得含有虚假或者引人误解的内容,不得欺骗、误导消费者。" 《中华人民共和国广告法》第十一条规定:"广告使用数据、统计资料、调查结果、文摘、引用语等引证内容的,应当真实、准确,并表明出处。"
搭售商品提示	《电子商务法》第十九条规定:"电子商务经营者搭售商品或者服务,应当以显著方式提请消费者注意,不得将搭售商品或者服务作为默认同意的选项。"这项条款的目的是防止电子商务经营者强制捆绑销售商品或服务。
售后保障	《中华人民共和国消费者权益保护法》第二十四条规定:"经营者提供的商品或者服务不符合质量要求的,消费者可以依照国家规定、当事人约定退货,或者要求经营者履行更换、修理等义务。没有国家规定和当事人约定的,消费者可以自收到商品之日起七日内退货……"
	《中华人民共和国消费者权益保护法》第二十五条规定:"经营者采用网络、电视、电话、邮购等方式销售商品,消费者有权自收到商品之日起七日内退货,且无需说明理由,但下列商品除外:(一)消费者定做的;(二)鲜活易腐的;(三)在线下载或者消费者拆封的音像制品、计算机软件等数字化商品;(四)交付的报纸、期刊。"

法律问题	相关法律规定
个人信息的收集与使用	《电子商务法》第二十三条规定："电子商务经营者收集、使用其用户的个人信息，应当遵守法律、行政法规有关个人信息保护的规定。"
	《电子商务法》第二十四条规定："电子商务经营者应当明示用户信息查询、更正、删除以及用户注销的方式、程序，不得对用户信息查询、更正、删除以及用户注销设置不合理条件。"

2. 与电子支付相关的法律规定

《电子商务法》第五十三条至第五十七条对电子支付使用过程中，电子支付服务提供者和电子支付用户的责任与义务做出了明确规定。

（1）电子支付服务提供者的责任与义务：告知用户电子支付服务的功能、使用方法、注意事项、相关风险和收费标准等事项，不得附加不合理交易条件；确保电子支付指令的完整性、一致性、可跟踪稽核和不可篡改；向用户免费提供对账服务以及最近三年的交易记录；电子支付服务提供者完成电子支付后，应及时准确地向用户提供符合约定方式的确认支付的信息。

（2）电子支付用户的责任与义务：妥善保管交易密码、电子签名数据等安全工具；在发出支付指令前，应当核对支付指令所包含的金额、收款人等完整信息；若发现安全工具遗失、被盗用或者未经授权的支付时，应当及时通知电子支付服务提供者。

3. 与电子合同相关的法律规定

针对电子合同法律效力问题，《电子商务法》第四十八条做出了规定："电子商务当事人使用自动信息系统订立或者履行合同的行为对使用该系统的当事人具有法律效力。"

《电子商务法》第五十条规定："电子商务经营者应当清晰、全面、明确地告知用户订立合同的步骤、注意事项、下载方法等事项，并保证用户能够便利、完整地阅览和下载。"该项条款明确了电子商务经营者在签订电子合同过程中的义务，以确保消费者能完整地了解电子合同的所有条款。

4. 与不正当竞争相关的法律规定

为了防止电子商务平台利用优势地位滥用服务协议和交易规则，损害商家的合法权益（如强迫商家在两个电子商务平台之间"二选一"），《电子商务法》第三十五条规定："电子商务平台经营者不得利用服务协议、交易规则以及技术等手段，对平台内经营者在平台内的交易、交易价格以及与其他经营者的交易等进行不合理限制或者附加不合理条件，或者向平台内经营者收取不合理费用。"

5. 与电子商务税收相关的法律规定

为了明确电子商务经营者的纳税义务，《电子商务法》第十一条规定："电子商务经营者应当依法履行纳税义务，并依法享受税收优惠。"不需要办理市场主体登记的电子商务经营者在首次纳税义务发生后，应当依照税收征收管理法律、行政法规的规定申请办理税务登记，并如实申报纳税。

为了明确电子商务经营者使用电子发票的义务，《电子商务法》第十四条规定："电子商务经营者销售商品或者提供服务应当依法出具纸质发票或者电子发票等购货凭证或者服务单据。电子发票与纸质发票具备同等法律效力。"

6. 与知识产权相关的法律规定

为了保护知识产权,《电子商务法》第四十一条至第四十五条对电子商务平台建立知识产权保护规则的责任、网络知识产权纠纷处理办法等做出了明确规定。

(1)知识产权权利人认为其知识产权受到侵害的,有权通知电子商务平台经营者采取删除、屏蔽、断开链接、终止交易和服务等必要措施。

(2)电子商务平台经营者接到通知后,应当及时采取必要措施,并将该通知转送平台内经营者;未及时采取必要措施的,对损害的扩大部分与平台内经营者承担连带责任。

(3)平台内经营者接到转送的通知后,可以向电子商务平台经营者提交不存在侵权行为的声明。声明应当包括不存在侵权行为的初步证据。

(4)电子商务平台经营者接到声明后,应当将该声明转送发出通知的知识产权权利人,并告知其可以向有关主管部门投诉或者向人民法院起诉。

任务实施

实训一 体验电子政务

【任务背景】

小李在暑假选择到位于成都的姨妈家游玩,计划游览成都的各大景点,并体验成都的青年文化活动。姨妈向他推荐了天府市民云 App,这个应用是由成都市政府精心打造的,提供了丰富的市民服务。通过该应用,小李准备查看并报名青年文化活动、购买旅游套票(即金熊猫卡),以及查询成都各景点的详细信息。

【任务目标】

(1)巩固电子政务的相关知识。

(2)通过电子政务获取相关市民服务。

【操作步骤】

请读者按照下列要求进行操作。

(1)下载并打开天府市民云 App,在弹出的窗格中点击"同意"按钮,在打开的"欢迎使用天府市民云 App"窗格中选中下方的"阅读并同意……"单选项,然后点击"支付宝一键登录"按钮,完成登录。

微课视频

体验电子政务

(2)在打开的主界面中点击"更多"按钮,在打开的服务列表界面(见图 1-2)中点击"文体教育"栏中的"青年之家活动"按钮,在打开的界面中选择感兴趣的活动,如图 1-3 所示,在打开的界面中点击界面底部的"报名"按钮,如图 1-4 所示。在打开的界面中点击"确认授权"按钮,然后将弹出界面提示报名成功。

(3)返回服务列表界面,点击"交通旅游"栏中的"金熊猫卡"按钮,在打开的界面中点击"立即购买"按钮,如图 1-5 所示。

图1-2　服务列表界面　　　　图1-3　选择活动　　　　图1-4　报名活动

（4）在打开的界面中浏览金熊猫卡相关信息，选中下方的"阅读并同意《金熊猫卡用户协议》"单选项，然后点击"继续"按钮。

（5）在打开的界面中点击"确认"按钮，在打开的窗格中选择"微信"或"支付宝"选项，然后点击"立即支付"按钮，输入支付密码，完成支付。

（6）返回服务列表界面，点击"交通旅游"栏中的"掌游成都"按钮，在打开的界面中查看成都各大景点，如图1-6所示，选择"成都大熊猫繁育研究基地"选项，查看景点的详细信息，如图1-7所示。

图1-5　购买金熊猫卡　　　　图1-6　查看景点　　　　图1-7　景点具体信息

【总结考核】

总结本次实训的操作过程并回答下面的问题。

（1）就参与电子政务的主体而言，本次实训操作涉及的电子政务属于＿＿＿＿＿＿电子商务。

（2）此类电子政务可以提供的服务包括＿＿＿＿＿＿＿＿＿＿＿＿＿＿＿＿＿＿＿＿

＿＿＿＿＿＿＿＿＿＿＿＿＿＿＿＿＿＿＿＿＿＿＿＿＿＿＿＿＿＿＿＿＿＿＿＿＿。

实训二　规划电子商务岗位发展路线

【任务背景】

王峰是电子商务专业的学生，在了解了各个电子商务岗位后，认为电子商务行业发展空间大，自己完全有机会获得一个能力要求高、收入高的高阶岗位。但他也明白不能好高骛远，因此他打算毕业后先从基础性的岗位做起，以积累经验、增强能力。当前他需要确定自己的岗位发展路线，即初期目标岗位和远期目标岗位，并制订各阶段的能力提升计划。

【任务目标】

（1）巩固电子商务岗位的职责与能力要求。

（2）根据自身情况规划电子商务岗位发展路线。

【操作步骤】

要规划电子商务岗位发展路线，可以先进行自我分析，然后根据自身情况确定目标岗位，最后制订提升计划，具体操作如下。

（1）自我分析。王峰从兴趣爱好、性格特征、职业价值观、职业能力等方面进行了自我分析，结果如表1-3所示。

表1-3　自我分析

分析角度	具体分析
兴趣爱好	对数据分析和统计学有浓厚兴趣，享受挖掘和分析数据的过程
性格特征	细致、有耐心，具备坚韧不拔的品质
职业价值观	重视准确性和客观性，注重数据驱动决策
职业能力	具备较强的逻辑思维能力、沟通能力和表达能力

（2）确定目标岗位。通过自我分析，王峰认为自己比较适合从事数据分析类岗位，但这个岗位对能力的要求很高，因此他将其作为远期目标岗位。同时，他认为刚进入职场时，可以从事更基础的网店运营（电子商务平台运营）岗位，其岗位职责里包含了数据分析相关的工作，并且使用的是电子商务平台提供的现成工具，门槛相对较低。

（3）制订提升计划。针对初期目标岗位网店运营，王峰制订了以下提升计划。

① 熟悉电子商务平台操作：通过学习和实践，熟练掌握主流电子商务平台的运营流程和规则，熟悉商品上下架、促销方案制定、数据分析等操作。

②　掌握网络营销工具：学习使用网络营销工具，提升流量；灵活应用各种推广工具，以优化营销策略。

③　培养数据分析意识：在网店运营过程中，关注并分析浏览量、评论数等数据，通过电子商务平台提供的数据分析工具进行简单的数据挖掘和分析。

④　增强沟通与团队协作能力：培养与同事和上下游合作伙伴的良好沟通能力，加强团队协作，增强自身在团队中的影响力。

⑤　不断学习和更新领域知识：关注电子商务领域的动态，不断学习新的运营策略和工具，保持对行业的敏感性。

对于远期目标岗位数据分析师，王峰一方面打算通过网店运营的实际工作积累经验，加深对电子商务的理解；另一方面也决定从现在做起，增强自身的数据分析能力。对此，他制订了以下计划。

①　深入学习统计学和数学知识：参加相关的培训和课程，加强对统计学和数学的学习，提高数据分析的专业素养。

②　学习使用专业数据分析工具：掌握并熟练使用专业的数据分析工具，如 Python、R、SQL 等，以更灵活高效地处理和分析数据。

③　参与实际数据分析项目：通过参与实际数据分析项目，积累实践经验，提升解决实际问题的能力。

④　建立个人数据分析项目集：创建个人数据分析项目集，展示个人的数据分析能力和项目经验。

【总结考核】

总结本次实训的操作过程并回答下面的问题。

（1）电子商务平台运营的岗位职责有＿＿＿＿＿＿＿＿＿＿＿＿＿＿＿＿＿＿＿＿

＿＿＿＿＿＿＿＿＿＿＿＿＿＿＿＿＿＿＿＿＿＿＿＿＿＿＿＿＿＿＿＿＿＿＿＿＿＿。

（2）本次实训中，王明的远期目标岗位是数据分析师，该岗位的能力要求是＿＿＿＿

＿＿＿＿＿＿＿＿＿＿＿＿＿＿＿＿＿＿＿＿＿＿＿＿＿＿＿＿＿＿＿＿＿＿＿＿＿＿。

📖 案例分析

案例一　电子商务企业——阿里巴巴

阿里巴巴是我国较早涉足电子商务领域的企业，从阿里巴巴的发展可以看出我国电子商务的发展之路。

案例解说

一、阿里巴巴的发展历程

1999 年 6 月，阿里巴巴网络有限公司于杭州创立。经过员工们两年的努力，截至 2001 年 12 月，阿里巴巴在线注册用户超 100 万人。2003 年 5 月，购物网站淘宝网正式创立，次年淘宝网发布了让买家与卖家进行即时文字、语音及视频沟通的通信软件"阿里旺旺"。该软件的出现让买家逐渐放下对网络购物的"戒备"。此时，阿里巴巴完成了初步的电子商务模型，为后期的不断发展打下基础。

2004 年 12 月，阿里巴巴推出支付宝，为淘宝用户网络购物的资金安全提供了保障，同时也为阿里巴巴提供了强大的现金流，并为其各方面的发展与投资奠定了基础。2005 年 10 月，阿里巴巴接管中国雅虎。2007 年，阿里巴巴成立网络广告平台"阿里妈妈"。次年，阿里巴巴推出"淘宝商城"（后改名"天猫"）。同年，阿里巴巴成立"阿里云计算"，并收购中国领先的互联网基础服务供应商——中国万网。

2010 年，淘宝网推出团购网站"聚划算"和手机淘宝客户端。2011 年，阿里巴巴宣布将淘宝网拆分为 3 家公司——淘网、淘宝网和淘宝商城。2012 年，阿里巴巴宣布将调整公司组织架构，从原有的子公司制调整为事业群制，把现有子公司的业务调整为淘宝、一淘、天猫、聚划算、阿里国际业务、阿里小企业业务和阿里云 7 个事业群。2013 年，阿里巴巴再次对业务架构和组织进行调整，将 7 个事业群拆分为 25 个事业部，使阿里巴巴能够从容面对日益复杂的商业系统。

2014 年，"天猫国际"正式推出，国际品牌通过天猫国际能直接向我国消费者销售商品。

2016 年，国家发展改革委与阿里巴巴签署结合返乡创业试点发展农村电商战略合作协议，其后 3 年双方共同支持 300 余试点县（市、区）结合返乡创业试点发展农村电子商务。2018 年 12 月 27 日，阿里国际站正式宣布启动"数字化出海"计划。

2019 年 3 月初，阿里巴巴宣布投资 46.6 亿元入股申通快递，成为申通快递第二大股东。2019 年 9 月，阿里巴巴与网易达成战略合作，以 20 亿美元全资收购网易旗下跨境电子商务平台考拉。2019 年 11 月 26 日，阿里巴巴正式挂牌上市。

2022 年年初，阿里巴巴宣布淘宝、天猫在双品牌运营的基础上，进行打通与融合，并将核心战略确定为"从交易到消费"，将"内容化战略"提升到更高层级。

2023 年 9 月，阿里巴巴 CEO 提出将"AI 驱动"确立为集团的两大战略重心之一。12 月，阿里巴巴旗下淘宝天猫商业集团和国际数字商业集团建立完整的 AI 团队，其中国际数字商业集团的 AI 团队目前已超过百人，同时淘宝天猫商业集团对内发布了自己的大模型产品"图灵"。这表明阿里巴巴正全面发力进军 AI 领域。

二、阿里巴巴的生态体系

2023 年 3 月 28 日，阿里巴巴启动新一轮公司治理变革，从一个阿里巴巴业务集团，转变为"1+6+N"的多个业务集团和业务公司独立运营的全新治理结构。其中，"1"指一个阿里巴巴集团，"6"指 6 个业务集团，"N"则指旗下多家业务公司，如图 1-8 所示。"6+N"相对独立，分别成立各自的董事会，实行各业务集团和业务公司董事会领导下的 CEO 负责制。

可以看出，经过多年的发展，阿里巴巴已经形成了一个庞大的生态体系，既有阿里云、菜鸟、高德、钉钉等商业基础设施，也有天猫、淘宝网、聚划算、阿里妈妈在内的商业与数字服务平台，同时还涵盖了健康、娱乐等领域。这种多元化的生态体系使得阿里巴巴在不同领域形成互补和协同效应。

其中，淘宝网、天猫是我国具有代表性的电子商务平台，处于行业领头羊地位；菜鸟已成为国内第三大电子商务物流公司；阿里云是全球领先的云计算及人工智能科技公司，2023 年阿里云服务的客户已超过 300 万家；高德、飞猪、饿了么分别在地图、旅行、外卖领域内占有举足轻重的地位。

阿里巴巴"1+6+N"架构						
	阿里云智能	淘宝天猫商业	本地生活	菜鸟	国际数字商业	大文娱
6个业务集团	主营业务：阿里云智能、钉钉、天猫精灵、达摩院等	主营业务：淘宝网、天猫、淘菜菜、闲鱼、天猫超市、天猫国际、淘特、1688、阿里妈妈等	主营业务：高德、飞猪、饿了么	主营业务：国内与国际物流业务	主营业务：速卖通、东南亚电商Lazada、土耳其电商Trendyol、南亚电商Daraz、欧洲电商Miravia及国际站Alibaba.com等	主营业务：优酷、大麦、阿里影业
N个独立业务公司	阿里健康、高鑫零售、盒马等，以及阿里巴巴未来可能新创设或投资的公司					

图 1-8　阿里巴巴的组织架构

三、案例思考

（1）阿里巴巴的"1+6+N"结构是怎样的？阿里巴巴为什么要这样调整组织架构？

_____

_____

_____

（2）从阿里巴巴的发展历程来看，阿里巴巴为什么能从一个初创企业成长为大型电子商务企业？

_____

_____

_____

_____

案例二　《电子商务法》推动行业规范发展

案例解说

《电子商务法》是我国电子商务领域首部综合性法律，共计 7 章 89 条，主要针对电子商务经营者、电子商务合同的订立与履行、电子商务争议解决、电子商务促进和法律责任 5 部分做了详细规定。该法为我国电子商务建立了系统完备的法律框架,对电子商务行业的发展具有重大意义。

一、《电子商务法》的出台背景

我国之所以要出台这样一部法律,主要有以下 3 点原因。

1. 电子商务快速、无序发展

在互联网的推动下,我国电子商务行业经历了快速增长的阶段。在"十二五"期间,电子商务年均增长速度超过 30%,到 2015 年,我国电子商务交易额超过 20 万亿元。这种迅速发展带来了新的商业模式和交易方式,但也催生了一系列法律问题,如虚假宣传、假冒伪劣商品、交易平台责任不明确等。

2. 既有法律无法满足需要

在《电子商务法》出台之前,我国已有一些与电子商务相关的法规,涉及市场准入、消费者权益保护、个人信息保护等方面,但这些规定分散在各个政策与法规中,层级普遍较低,缺乏联动性,难以应对电子商务发展带来的新情况和新问题,因此需要一部更为综合、权威的法律来规范电子商务行业。

3. 国际立法趋势

随着全球电子商务的普及,各国纷纷出台相关法律法规,对电子商务进行规范和监管。我国作为全球较大的电子商务市场,也需要制定相应的法律法规,以适应国际立法趋势。

在这样的背景下,2013 年 12 月 7 日,全国人民代表大会常务委员会正式启动了《电子商务法》的立法进程,于 2016 年 3 月形成草案。《电子商务法》前后经历了 5 年的立法过程,并通过 4 次审议修改,在 2018 年 8 月 31 日,由第十三届全国人民代表大会常务委员会第五次会议表决通过,并自 2019 年 1 月 1 日起施行。

二、《电子商务法》的影响

《电子商务法》的实施产生了广泛而深远的影响,具体涉及以下几个方面。

1. 《电子商务法》的立法影响力

《电子商务法》的实施为电子商务领域的相关立法提供了基础。例如,于 2021 年 1 月 1 日正式生效的《中华人民共和国民法典》、于 2022 年修订的《中华人民共和国反垄断法》、于 2019 年修订的《中华人民共和国反不正当竞争法》均结合了《电子商务法》的规定,增设了与电子商务领域相关的内容。同时,该法也推动了电子商务领域相关的行政法规、部委规章及其他规范性文件的出台,涉及在线教育、交通运输、网络直播、在线旅游等众多领域,让电子商务具体业务领域有法可依,对电子商务的高质量发展起到了积极的推动作用,并有助于保护消费者权利、促进数字经济发展、规范电子商务活动、加强数字信息保护。

2.《电子商务法》的司法效果

《电子商务法》在司法领域得到广泛适用，成为各类民商事案件中的指导法规。虽然在个别条款的适用上存在一定的争议和讨论空间，但总体上，《电子商务法》彰显了与其他现行法律规范之间良好的衔接性和适用性。该法规在保障电子商务各方主体的合法权益、规范电子商务行为、维护市场秩序等方面发挥着不可或缺的作用。在司法实践中，各级法院对电子商务领域的案件逐渐积累了丰富的裁判经验，加深了对法规的理解，提高了对法规的使用水平。

3.《电子商务法》的执法效果

在执法方面，《电子商务法》在行政处罚领域得到了有效执行。在执法实践中，电子商务平台和经营者的违法行为，如未按规定公示许可证信息、虚假宣传、不正当竞争等，都被及时处罚和制止。严格执法有助于维护市场秩序，提高从业者的合规意识，进一步规范电子商务经营行为。

在严格的执法下，各大电子商务平台的合规水平显著提高。根据北京大学电子商务法研究中心发布的2023年度《电商平台合规评价报告》，各大电子商务平台经营者在总体上较好地落实了《电子商务法》等法律法规所要求的平台责任，尤其在未成年人保护、身份核验、环境保护、禁限售管控等方面的合规建设成果尤为突出。

4.《电子商务法》的国际影响

《电子商务法》的实施不仅在国内产生深远影响，也在国际电子商务领域产生了积极而显著的影响。该法具备一定的前瞻性，将电子支付与电子商务进行了统一规定，为电子支付和电子商务的共同发展提供了有力推动。另外，该法包含鼓励创新、保护消费者权益、支持推动绿色发展、强调个人信息保护与网络安全等内容，符合国际社会实际需求和时代发展趋势。因此，《电子商务法》可以为其他国家在电子商务领域的立法提供有益借鉴和参考，也在国际范围内推动了电子商务法制的更新与建设，引领了全球电子商务领域规范化发展的新方向。

三、案例思考

（1）在立法、司法、执法领域，《电子商务法》有哪些影响？

_____

_____

_____

（2）《电子商务法》的出台对电子商务行业的发展有何重大意义？

_____

_____

_____

_____

项目总结

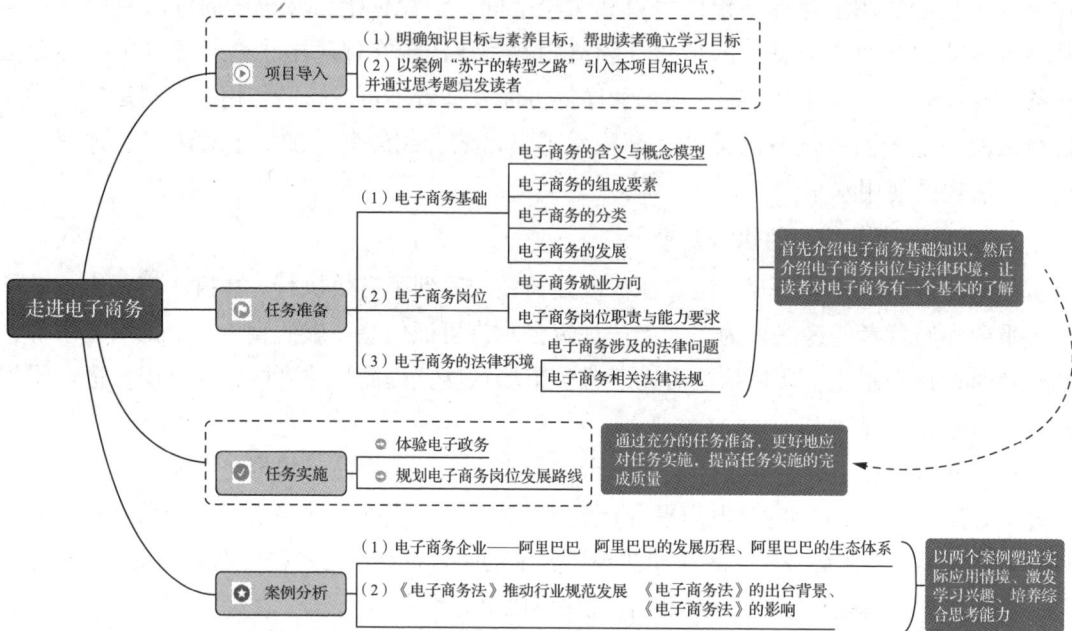

巩固提升

1. 名词解释

（1）电子商务　　（2）B2B　　（3）C2C

2. 单项选择题

（1）企业与企业之间通过互联网进行的商务活动属于（　　　）。

　　A. B2C　　　　　　　B. C2B　　　　　　C. B2B　　　　　　D. C2C

（2）电子商务的优势不包括（　　　）。

　　A. 大大减少了人力、物力　　　　　B. 突破了时间和空间的限制

　　C. 获取更加丰富的信息资源　　　　D. 可以提高就业率

（3）下列各项中，不属于电子商务岗位的是（　　　）。

　　A. 电子商务平台运营专员　　　　　B. 客户服务专员

　　C. 互联网营销师　　　　　　　　　D. 人事专员

3. 多项选择题

（1）按交易过程的完整程度划分，电子商务可以分为（　　　）。

　　A. 交易前电子商务　　　　　　　　B. 交易后电子商务

　　C. 完全电子商务　　　　　　　　　D. 不完全电子商务

（2）电子商务系统的组成要素有（　　）。

    A．网络   B．用户和商家

    C．认证机构   D．金融机构

（3）以下选项中，（　　）是电子商务涉及的法律问题。

    A．电子合同问题   B．知识产权问题

    C．消费者权益问题   D．管辖权问题

4．思考题

（1）电子商务专业有哪些就业方向？

（2）按交易对象划分，电子商务有哪些类型？

（3）电子商务涉及哪些法律问题？

5．技能实训题

（1）进入 BOSS 直聘官网，在首页搜索框中输入"电子商务"，按【Enter】键进行搜索。在打开的页面中查看该网站提供的电子商务岗位的相关招聘信息，选择 3 个不同类别的岗位，单击对应的超链接，在打开的页面中查看岗位职责和岗位要求。

（2）进入淘宝网首页，完成以下任务。

- 在首页搜索"抽纸"，在搜索结果中找到标有"广告"字样的商品。
- 选择一款抽纸商品，查看其标题、详情页广告中是否有"国家级""最高级""最佳"，以及表示功效的内容。
- 查看该抽纸的详情页广告中是否使用了数据，若有，查看其是否标明了出处。
- 查看该抽纸的详情页中是否标明了"7 天无理由退货"。
- 下单购买一款抽纸，收货后，描述这笔交易的信息流、资金流、商流、物流。

项目二
熟悉电子商务技术

任务准备

任务一 移动互联网技术

随着科技的发展和智能手机的普及，电子商务交易正逐渐从计算机端转向移动端。在这场转变中，移动互联网技术发挥着至关重要的作用。

一、移动通信技术

移动通信技术指的是支持无线设备之间通信的技术。到目前为止，移动通信技术大致经历了从 1G（The First Generation Mobile Communication Technology，第一代移动通信技术）到 5G（The Fifth Generation Mobile Communication Technology，第五代移动通信技术）的发展历程。其中，4G（The Fourth Generation Mobile Communication Technology，第四代移动通信技术）、5G 是目前应用较广泛的技术。

1. 4G

4G 的主要特点是将 WLAN（Wireless Local Area Network，无线局域网）技术和 3G（The Third Generation Mobile Communication Technology，第三代移动通信技术）进行很好的结合，从而获得更快的数据传输速度和更高的图像质量。此外，4G 还具备速度快、通信灵活、智能性高、高质量通信以及费用低的特点，能够满足几乎所有用户对于无线服务的需求。在 3G 时代，图文内容占据主导地位，而在 4G 时代，由于网络速度的显著提升和覆盖范围的扩大，视频内容开始大规模普及，移动设备用户可以在有 4G 网络覆盖的地方享受流畅的移动视频服务，甚至是 1080P 的高清视频。

2. 5G

5G 旨在提供更快的数据传输速度、更短的延迟、更大的网络容量和更高的可靠性，以支持更广泛的应用场景。5G 的特点如下。

（1）更快的数据传输速度。5G 的理论峰值速度可以达到每秒数十 GB，比 4G 快数倍。这为高清视频、虚拟现实（Virtual Reality，VR）和增强现实（Augmented Reality，AR）等提供了更好的支持。

（2）更短的延迟。延迟是设备之间通信的响应时间。5G 将延迟降到毫秒级，这对于需要实时互动的应用非常重要，如视频通话、远程控制等。

（3）更大的网络容量。5G 可以连接更多设备而不降低速度或性能，这对于物联网应用至关重要，因为数十亿的设备需要同时连接。

（4）更高的可靠性。5G 通过多路径传输和错误纠正技术提升了网络的稳定性和可靠性。

> **专家指导**
>
> 自 2018 年起，我国就已经开始了 6G（The Sixth Generation Mobile Communication Technology，第六代移动通信技术）的研发工作，目前已取得重要成果。例如，在 2023 上海世界移动通信大会上，中国移动正式发布了包括 6G 公共试验验证平台、6G 协同创新样机平台、天行者低空经济先驱行动计划在内的多项 6G 协同创新成果。

二、移动应用开发技术

移动应用是指专门设计和开发用于移动设备（如智能手机和平板电脑）运行的应用程序。在移动互联网时代，人们普遍习惯通过移动应用来满足各方面需要，各种新的移动应用不断被开发出来，因此移动应用开发技术十分重要。

1. 原生应用开发

原生应用开发指的是针对特定移动设备平台（如 iOS 或 Android）使用原生编程语言和工具来开发应用程序。对于 iOS 平台，原生应用开发使用的主要编程语言是 Swift 或 Objective-C，其在 Android 平台上则使用 Java 或 Kotlin。

原生应用开发意味着开发者可以使用针对特定平台的软件开发工具集来编写应用程序，充分利用该平台所提供的所有功能和特性，因此原生应用通常性能更好、响应速度更快，用户体验更流畅。当然，原生应用开发需要针对不同平台分别开发，这会增加开发成本和时间。

2. HTML5 开发

HTML5（HyperText Markup Language 5，第五代超文本标记语言）开发主要指使用 HTML5 技术进行开发，包括前端页面和后端服务。HTML5 是互联网前端的主流开发技术，具有跨平台、易维护、高效灵活等优点。通过 HTML5，开发者可以轻松地实现丰富的交互效果和良好的用户体验。

3. 混合应用开发

混合应用开发是指使用跨平台开发工具或框架创建应用程序，所创建的应用程序可以在多个不同的移动设备平台上运行。混合应用开发结合了 Web 技术（HTML、CSS、JavaScript 等）和原生移动应用开发技术。

混合应用开发允许开发者使用单一代码库编写应用程序，并在不同的平台上运行，而无须为每个平台单独开发应用。

4. 小程序开发

小程序是一种轻量级应用，不需要下载和安装，用户可以直接在特定平台上使用。小程序开发通常使用微信、支付宝、百度等提供的小程序开发框架，并使用 HTML、CSS 和 JavaScript 等技术。

> **课堂讨论：**
> 你平时会使用小程序吗？你认为小程序相较于 App 有什么特点？

三、二维码技术

二维码技术是一种通过编码信息的图像来存储数据的技术。它使用若干个与二进制相对应的几何形体来表示文字数值信息，通过图像输入设备或光电扫描设备自动识读以实现信息自动处理。

1. 二维码技术的特点

目前，二维码在生活中随处可见。二维码之所以如此普及，很大程度上是因为二维码技术具有以下特点。

（1）高密度编码，信息容量大。二维码可以容纳多达 1850 个大写字母或 2710 个数字，或 1108 个字节，或 500 多个汉字，比普通条码信息容量高约几十倍。

> **知识链接**
>
> 二维码的原理

（2）编码范围广。二维码可以对图片、声音、文字、签字、指纹等数字化的信息进行编码，并用条码表示出来。

（3）容错能力强。二维码通常具有一定的容错能力，即使受损或被部分遮挡也能被正确识别。

（4）成本低。二维码的制作门槛很低，通过草料二维码等平台可免费、快速生成需要的二维码，制作好后可以将二维码印刷在纸张上或植入网页中，无须花费太多额外成本。

（5）使用便捷。二维码可以供用户在几秒钟内扫描，从而快速获取信息，为用户带来快速、便捷的体验。

2. 二维码技术的应用

随着智能手机和移动互联网的普及，如今二维码在电子商务中的应用已经非常广泛，具体包括以下方面。

> **课堂讨论：**
> 生活中有哪些场景会使用二维码？

（1）电子票务。现在用户可以在线上购买景点、活动的门票，购票后凭借手机上的二维码进行验票，如图 2-1 所示，这不仅节省了用户排队买票的时间，还可以防止门票伪造。

（2）二维码付款。作为一种新的支付方式，用户只需扫描二维码即可完成支付，方便快捷。

（3）餐厅点餐。用户在餐厅落座后，扫描桌上的二维码即可在手机上查看菜单并完成点餐，如图 2-2 所示。这种方式不仅可以提高用户的点餐效率，也便于商家管理和更新菜单内容。

图 2-1 电子门票

图 2-2 二维码点餐

（4）商品溯源。通过扫描二维码，用户可以查询商品的生产日期、保质期、原材料来源等信息，如图 2-3 所示，从而买得更放心。

（5）商品延伸介绍。将二维码印制在商品包装上，用户扫码即可查看详细的图片、文字、音视频等介绍内容，包括商品详细介绍、商品安装方法或使用方法等。

（6）营销引流。企业可以通过线上平台或线下展示牌（见图 2-4）等各种渠道展示二维码，结合有吸引力的文案引导用户扫描二维码，将用户引流至指定的营销界面，进而为企业的微信公众号、微信小程序、网上商城等引流。

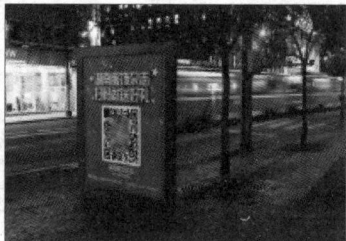

图 2-3 商品溯源　　　　　图 2-4 营销引流

任务二 新兴技术

当前，物联网、云计算、大数据、人工智能、VR 和 AR、区块链等新兴技术迅猛发展，并成为引领潮流的关键驱动力。这些新技术为电子商务行业提供了前所未有的可能性，给交易模式、用户体验等带来了天翻地覆的变化。

微课视频

新兴技术

一、物联网

物联网是让所有能行使独立功能的普通物品实现互联互通的网络。简单地说，物联网可以把所有能行使独立功能的物品，通过信息传感设备与互联网连接起来，进行信息交换，以实现智能化识别和管理。在物联网上，每个用户都可以应用电子标签连接真实的物品与网络，可以利用物联网的中心计算机集中管理和控制机器、设备和人员，也可以遥控家庭设备、汽车，以及搜索物品的位置、防止物品被盗等。

目前，物联网主要应用在交通运输、物流、电力、建筑、医疗及日常生活中，如智能公交车、共享单车、医疗的可穿戴设备、消防监测等。就电子商务领域而言，物联网的应用主要体现在以下方面。

1. 智能零售

在实体店和电子商务平台中，企业或品牌通过物联网技术，能够收集用户的行为数据，了解其购物习惯和偏好；通过智能推荐系统，提供个性化的购物建议，提升用户体验，增加销售机会。

2. 智慧物流

物联网可让整个物流过程变得透明，主要应用在仓储、运输监测以及快递终端等方面，如对货物及运输车辆的监测，这就像给每辆车都配备了实时的定位器，物流公司和用户都可以随时查看货物的位置，了解货物的运输进度，如图 2-5 所示。

3. 智能制造

智能制造利用物联网技术让机器设备变得更智能，可以远程监控、升级和维护。例如，通过在工厂里的机器上装上像智能眼睛一样的传感器，厂家就可以在手机或计算机上随时查看这些机器在做

图 2-5 物流运输进度

什么，以及时发现和解决问题。这可以让生产过程更加顺畅，提高生产效率，以便提供更好的商品。

4. 智能家居

物联网应用于智能家居领域，使用户能够对家居类产品的位置、状态、变化实时进行监测，分析其变化特征，从而实现智能化控制，使家居生活更加舒适和便捷。这方面的典型代表是小米智能家居，用户购买小米手机、小米窗帘、小米路由器、小米智能音箱等设备后，可以通过米家 App 进行绑定、统一管理，并实现语音控制。例如，用户对手机智能助手或智能音箱说一声"小爱同学关闭窗帘"，家里的窗帘就能按照要求进行操作，如图 2-6 所示。

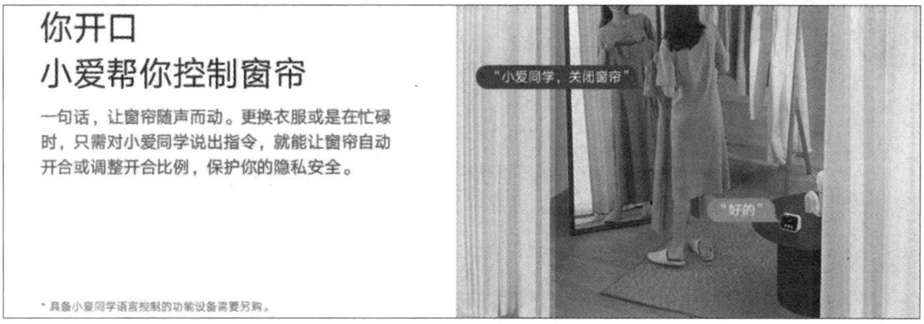

图 2-6 智能控制窗帘

二、云计算

云计算的核心理念是将计算能力和存储资源从本地转移到云端，就像是把地面上的东西存到虚拟的"云"里，使用户能够通过网络随时随地访问这些资源。云计算让用户不再受限于设备的容量，还能方便地共享文件、协作办公，是一种让生活和工作更加灵活便捷的技术。目前，云计算的应用主要体现在以下方面。

1. 云教育

云教育即基于云计算应用的教育平台服务。云教育利用云平台提供在线课程、教育资源和学习工具（见图 2-7），让学生可以通过互联网在任何地方、任何时间远程学习、获取学习资料，教师也能更灵活地进行教学和评估。

图 2-7 云教育平台

2. 云医疗

云计算在医疗领域的应用让医疗服务变得更加便捷和高效。医生和患者可以通过云医疗平台进行远程会诊，共享病历和检查报告。云计算还支持医学影像的存储和处理，使得医疗资源可以更好地共享，提高了诊断和治疗的效率。图2-8所示为某云医疗平台首页。

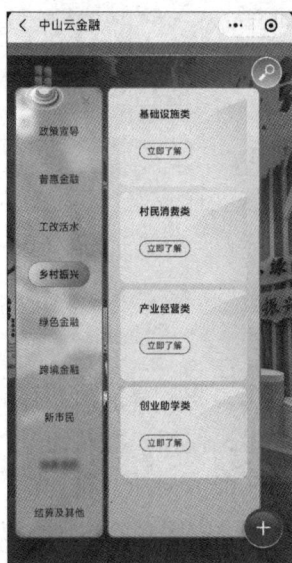

3. 云金融

云金融是指将云计算技术应用于金融领域，以提供更灵活、高效和创新的金融服务。它将传统金融业务、数据处理和客户服务迁移到云端，以实现更好的资源管理和客户体验。例如，中山云金融（见图2-9）通过归集中山市各家银行的产品信息和数据，建成数字化的金融产品资源中心，让有融资需求的企业/市民可以在该平台上直接申请预约，银行也可针对企业/市民需求及时跟进，让金融服务"触手可及"。

图2-8　某云医疗平台

图2-9　中山云金融

4. 云存储

通过云存储，用户可以在任何时间、任何地点，将手机等终端中的资料（照片、视频、文件等）保存到"云"上，也可以下载、在线查看存储在"云"上的资料，无须额外安装物理存储设备。云存储的典型代表有百度网盘、115网盘、阿里云盘等。

5. 云政务

在政务领域应用云计算带来了更高效的公共服务。政府机构可以通过云平台存储和管理大量的数据，提供在线服务，简化公共事务办理流程。市民可以通过云政务获取政府信息、办理证件等，实现政务服务的数字化和便捷化。

三、大数据

大数据的应用主要表现为通过收集、存储和分析大规模数据集，获得有意义的见解和信息。在电子商务中，大数据的应用是指利用庞大的数据量来了解用户行为、趋势和市场动态，以优化商业决策和提供更个性化的服务。

大数据在电子商务领域中的应用主要体现在以下方面。

1. 精准营销

通过应用大数据，电子商务企业可以了解用户的购买习惯、喜好和行为模式等信息，包括购买历史、点击行为、商品偏好等，可以更精准地预测用户需求，为用户推荐其可能喜欢的商品，提高广告投放的精准度。例如，某用户在天猫中购买了一盆月季，之后再打开该平台，其推荐购买区就会显示花盆、肥料等相关商品。

2. 库存和供应链优化

大数据能够用于预测销售趋势，帮助企业调整库存水平和优化供应链管理，以满足用户需求并降低库存成本。例如，一家销售羽绒服的零售商通过分析历史销量、天气等数据预测出羽绒服当年的销售趋势，并基于这些预测结果调整库存水平，避免了商品断货或库存积压，从而降低了成本并优化了供应链管理。

3. 风险管理

银行和金融机构可以利用大数据来降低金融风险，以保障用户资金安全。通过监控用户的交易历史、地理位置、购买模式和其他行为特征，系统能够识别出异常。例如，如果某用户突然在一个陌生的地理位置进行大额交易，就可能被视为异常，安全系统将进行进一步的验证。

4. 用户体验优化

企业通过大数据可以了解用户行为和偏好，从而调整界面设计、优化页面布局，优化网站或应用的用户体验。例如，电子商务平台通过大数据了解到用户下单前会大量点击"商品图片"或"用户评价"按钮，说明用户在做购买决策时非常重视商品图片信息和过往购买者的评价，那么就可以增加"大图显示"功能。

5. 搜索引擎运作

搜索引擎是非常常见的大数据系统。搜索引擎能够索引海量网页，通过提供个性化搜索结果满足用户需求。同时，大数据技术还推动搜索引擎向更智能的方向发展，实现语义搜索，以更好地理解用户意图，提供更有意义的答案。

四、人工智能

人工智能（简称 AI）是模拟人类智能行为的技术。AI 自诞生以来，理论和技术日益成熟，在电子商务领域的应用也越来越广泛，主要涉及以下方面。

1. 智能客服

在电子商务中，智能客服利用 AI 技术，让用户通过聊天机器人快速获得帮助。智能客服能够理解用户提出的问题，并给出相关的解决方案，从而提升服务效率和满意度。目前，很多电子商务平台、微信公众号等都接入了智能客服，减少了人工客服的重复性劳动，提高了工作效率。

2. 智能搜索

搜索引擎借助AI技术可以更好地理解用户的搜索意图，为用户提供更准确的结果，改善用户的搜索体验。此外，AI技术还支持图片智能搜索。用户拍摄或者上传图片，搜索引擎就会为用户搜索出类似商品或图片，如图2-10所示。

图 2-10　图片智能搜索

3. 智能分拣

在物流方面，AI技术的智能分拣系统能够自动识别、分类和分拣商品，提高了物流效率和准确性，缩短了订单处理时间。

4. 虚拟主播

虚拟主播是AI生成的虚拟形象，能够在直播中为用户提供商品讲解并与用户互动。虚拟主播十分灵活，可以根据需要设定不同的风格，如开朗亲和、严谨专业等，且无须休息，可以全天候在线，有助于降低直播成本。

> **课堂讨论：**
>
> 　　虚拟主播与真人主播有什么区别？虚拟主播会对直播行业带来什么影响？

5. 营销内容制作

AI可以快速生成营销内容，包括文案（如品牌口号、商品描述等）、图片、音视频等，提升内容制作效率。图2-11所示为AI写作工具——小鱼AI可以写作的电子商务文案类型。

图 2-11　小鱼 AI 可以写作的电子商务文案类型

工业和信息化部 2023 年公布的数据显示，我国人工智能产业已经迈入快速发展的阶段，核心产业规模达到 5000 亿元，企业数量超过 4300 家。此外，我国在人工智能基础设施方面也取得重要进展，算力规模位居世界前列，东数西算等重大工程正在加快推进。这些都彰显了我国的科技实力。

五、VR 和 AR

VR 是一种交互式的仿真体验，通过模拟多种感官体验（如视觉、触觉、听觉等），让用户沉浸于计算机生成的虚拟环境中。VR 在电子商务领域有着广泛应用。例如，利用 VR 技术，电子商务平台可以将商品以三维形式呈现，让用户可以 360° 旋转、放大或缩小商品，更全面地了解商品细节。又如，电子商务平台可以利用 VR 技术创建虚拟商店，让用户通过 VR 设备参观虚拟商店，浏览商品并进行购物，仿佛置身于实际商店中。

AR 是指将虚拟元素叠加在现实世界中的技术，用户可以通过智能手机、平板电脑或 AR 眼镜等设备来观看。AR 可以在现实环境的基础上增强用户的感知，如在屏幕上显示方向、距离、信息或虚拟物体等。AR 在电子商务领域的典型应用是虚拟商品展示，这让用户能够 360° 查看商品的全貌，可以以 1∶1 的比例将商品放置到真实的环境中。例如，用户可以利用 AR 将家具放置到真实的居家环境中，并查看该商品与自己家中的环境设计是否搭配等，从而大大节省挑选家具的时间，提高体验度。图 2-12 所示为通过 AR 看家具的场景。

图 2-12　通过 AR 看家具

专家指导

VR 和 AR 的目的都是为用户提供与现实世界不同的体验。VR 可以将用户完全包围在虚拟环境中；而 AR 则是将虚拟元素与现实环境相结合，让用户在现实世界中体验虚拟内容带来的感觉。

六、区块链

区块链是一种分布式数据库，它以去中心化和去信任的方式维护一个可靠数据库，确保链上的数据不被篡改、不被伪造。通俗地说，区块链就是一种全民参与记账的方式，在一定时间段内如果有任何数据变化，系统中的每个人都可以进行记账，系统会评判这段时间内记账最快、最好的人，把他记录的内容写到账本中，并将这段时间内的账本内容发送给系统内所有的其他人进行备份。系统中的任何人都可以看到这个账本，但不能随意修改。信息一旦写入，就变得几乎不可更改，因此保证了数据的安全性和可信度。

区块链在电子商务领域的应用主要集中在以下 3 个方面。

1. 支付和结算

区块链可以改善电子商务支付系统。区块链技术通过去中心化的方式，将支付过程记录在分布式账本上，消除了机构中心化的风险，增强了支付的安全性。此外，区块链技术的出现使得支付与结算可以即时完成，无须等待中间环节的确认，这大大提高了交易的效率，使得电子商务能够更快速地完成支付与结算。

2. 商品溯源

区块链能够帮助实现商品信息的透明、可信、不可篡改和可溯源，确保商品的真实性和质量。例如，区块链可以用于记录生鲜的生产、加工、运输和存储等信息，用户扫描条形码就可以直接查看这些信息，以辨别生鲜是否新鲜、安全。又如，区块链可用于跟踪药品的制造和分销过程，以帮助减少假药的出现。

3. 用户数据隐私保护

区块链可以用于用户数据的隐私保护。用户可以授权将自己的数据记录在区块链上，并选择向哪些平台提供访问权限，从而保护个人隐私。

> **素养提升**
>
> 党的二十大报告指出："没有坚实的物质技术基础，就不可能全面建成社会主义现代化强国。""推动战略性新兴产业融合集群发展，构建新一代信息技术、人工智能、生物技术、新能源、新材料、高端装备、绿色环保等一批新的增长引擎。"这说明人工智能等新技术受到国家的高度重视，同学们要积极学习这些技术的相关知识，提高自身的技术素养。

任务实施

实训一 使用百度网盘传输文件

【任务背景】

百度网盘是云计算应用的典型代表，让用户可以便捷地传输文件。小李是一家商贸公司总部的职员，最近要到外地的分公司出差，出差期间需要使用总部计算机中的文件，并及时将工作报告发送给总部领导。小李打算使用百度网盘来完成文件的传输。

【任务目标】

（1）了解云计算的应用，熟悉通过网盘传输文件的过程。

（2）能够使用百度网盘上传、下载、分享文件。

【操作步骤】

本次实训可以分为上传文件、下载文件、分享文件3个部分。

1. 上传文件

为了便于查看，小李在百度网盘中先建立了一个专门的文件夹，然后上传相关文件，具体步骤如下。

（1）下载并登录百度网盘，在打开的主界面中单击"新建文件夹"按钮，主界面中将自动出现一个文件夹，将名称修改为"出差相关文件"，如图2-13所示。

（2）双击该文件夹，在打开的界面中单击"上传文件"按钮，在打开的"请选择文件/文件夹"对话框中选择需上传的文件（配套资源：素材\项目二\销售订单表.xlsx、配套资源：素材\项目二\商品库存表.xlsx），如图2-14所示，单击"存入百度网盘"按钮。上传成功后，界面中将显示上传的文件。

图2-13　新建文件夹

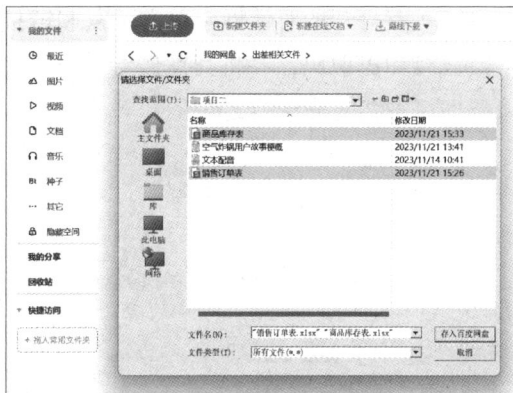

图2-14　选择文件

2. 下载文件

小李来到分公司，需要下载之前上传到百度网盘中的文件，具体步骤如下。

（1）在百度网盘中打开文件所在文件夹，这里打开"出差相关文件"文件夹，选择需要下载的文件，单击上方的"下载"按钮。

（2）在打开的"设置下载存储路径"对话框中单击"浏览"按钮，如图2-15所示，在打开的"浏览计算机"对话框中设置文件保存的位置，单击"确定"按钮。

（3）返回"设置下载存储路径"对话框，单击"下载"按钮，将百度网盘中的文件下载到计算机中。

图 2-15　下载文件

3. 分享文件

小李完成了一份工作报告,并将其上传到了百度网盘中,现需要将其分享给总部领导,具体步骤如下。

（1）选择需要分享的文件,单击上方的"分享"按钮,在打开的"分享文件:工作报告"对话框中单击"创建链接"按钮,如图 2-16 所示。

（2）在打开的对话框中单击"复制链接及提取码"按钮,如图 2-17 所示,复制文件的下载链接和提取码,并将其发送给被分享者。被分享者点击链接,在打开的界面中输入提取码即可下载被分享的文件。

图 2-16　创建链接

图 2-17　复制链接及提取码

【总结考核】

总结本次实训的操作过程并回答下面的问题。

（1）百度网盘属于＿＿＿＿＿＿＿＿＿在＿＿＿＿＿＿＿＿＿＿＿领域的应用。

（2）用户可以使用百度网盘进行＿＿＿＿＿＿＿＿＿＿＿＿等相关操作。

实训二　使用 AI 自动生成文案

【任务背景】

小王是某电器网店的文案人员，今天她有两项工作，一是为一款插线板写作电子商务文案，以宣传插线板的卖点（包括整体采用阻燃聚丙烯材料、安全防护门设计、芯线加粗、获得 3C 认证）；二是写作一段介绍空气炸锅原理的文字，以及某用户使用空气炸锅的故事（已有故事梗概），为后续写作空气炸锅的文案做准备。小王打算借助 5118 大数据网站的 AI 写作功能先帮助自己完成文案初稿，后续自己再进行修改润色。

【任务目标】

（1）了解人工智能在生成内容方面的应用。

（2）掌握使用 5118 大数据网站生成文案的方法。

微课视频

使用 AI 自动
生成文案

【操作步骤】

5118 大数据是一个综合性的服务网站，提供关键词挖掘、AI 写作、数据查询等功能。下面使用 5118 大数据网站生成插线板的电子商务文案，具体操作步骤如下。

（1）进入 5118 大数据网站首页，将鼠标指针移到导航栏中的"AI 写作 /AI 营销"选项上，在出现的列表中选择"营销文案生成器"选项，如图 2-18 所示。

图 2-18　选择"营销文案生成器"选项

（2）在打开的页面中填写相关信息，包括产品名称、产品描述、产品特点、产品受众、生成风格，然后单击"立即生成"按钮，如图 2-19 所示。

（3）系统将在打开的页面中自动生成并显示营销文案，如图 2-20 所示。如果需要对其加以润色修改，可以单击"复制结果"按钮将文案复制到 Word 文档中进行编辑。

（4）将鼠标指针移到导航栏中的"AI 写作 /AI 营销"选项上，在出现的下拉列表中选择"文本扩写精灵"选项。在打开页面的文本框中输入"空气炸锅的原理"，设置扩写字数为"中等"，设置知识库为"美食"，单击"立即扩写"按钮，如图 2-21 所示。

（5）打开的页面中将自动显示系统扩写后的文案，如图 2-22 所示。单击"一键复制"按钮可将其复制到 Word 文档中进行修改。

（6）将鼠标指针移到导航栏中的"AI 写作 /AI 营销"选项上，在出现的下拉列表中选择"客户成功故事生成器"选项。在打开页面的文本框中输入故事相关的设定信息（配套资源：素材 \ 项目二 \ 空气炸锅用户故事梗概 .txt），单击"立即生成"按钮，如图 2-23 所示。

图 2-19 输入信息

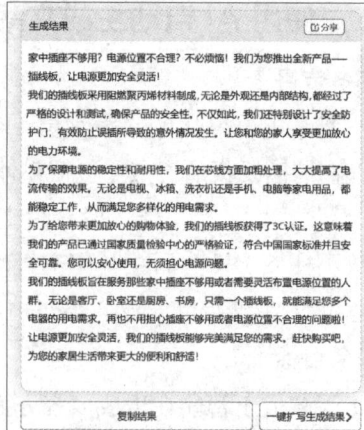

图 2-20 生成文案

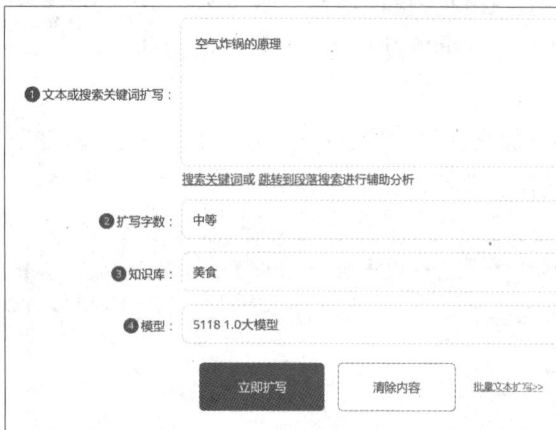

图 2-21 文本扩写

图 2-22 生成文案

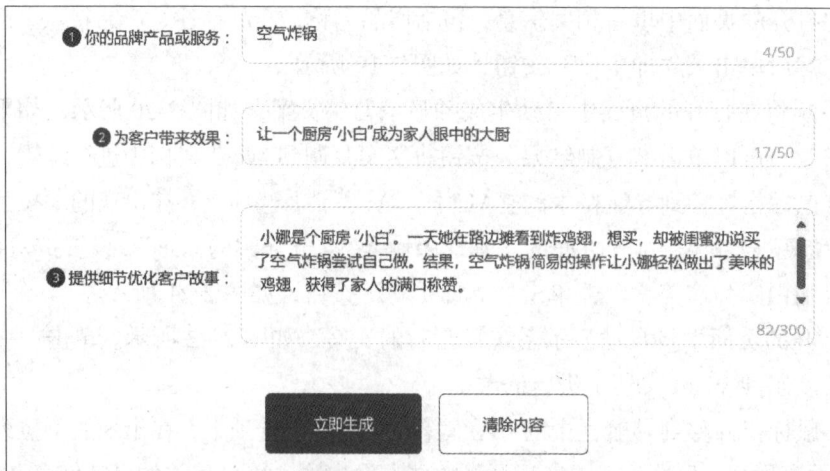

图 2-23 输入故事设定

（7）打开的页面中自动显示系统生成的故事，如图 2-24 所示。单击"一键复制"按钮将其复制到 Word 文档中进行修改。

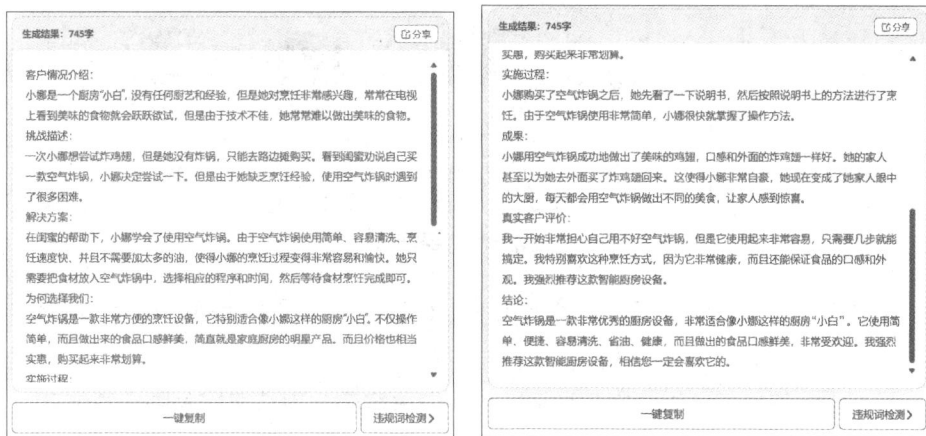

图 2-24　生成故事

【总结考核】

总结本次实训的操作过程并回答下面的问题。

（1）自动生成文案属于 AI 在_____方面的应用。

（2）就本次实训而言，AI 能生成的电子商务文案包括_____

_____。

实训三　制作商品介绍二维码

【任务背景】

小晨是某家具店铺的运营人员。最近店铺的线下展厅新到了一款黑胡桃木餐桌。小晨需要为该餐桌制作二维码，以介绍餐桌的详细信息，展示更多使用场景，让来线下展厅的用户能更详细地了解餐桌。

【任务目标】

（1）了解二维码在商品延伸介绍方面的应用。

（2）能够使用草料二维码制作二维码。

【操作步骤】

草料二维码是一个专门的二维码制作平台，可以帮助用户快速生成二维码。现使用草料二维码提供的模板制作二维码，具体步骤如下。

（1）进入草料二维码官网并登录账号，选择首页上方导航栏中的"模板库"选项，在页面的左侧列表中选择"产品信息"选项，在打开的页面中选择"通用产品介绍"模板，如图 2-25 所示。

（2）打开模板预览页面，单击其中的"单个生码"按钮。打开模板编辑页面，修改总标题为"黑胡桃木餐桌"，单击下方的图片，单击出现的"替换"按钮。

微课视频

制作商品介绍
二维码

图 2-25　选择模板

（3）在打开的"打开"对话框中选择需要上传的图片（配套资源：素材 \ 项目二 \ 黑胡桃木餐桌 1.jpg），单击"打开"按钮。

（4）在下方的编辑框中将"产品详情"板块的内容修改为黑胡桃木餐桌的信息，在多余的列上单击鼠标右键，在弹出的快捷菜单中选择"删除行"命令。修改后的效果如图 2-26 所示。

（5）修改"产品细节"为"产品使用场景"，选择下方的图片，单击出现的"编辑"按钮，在打开的"图片模板"对话框中依次单击每一张图片右上角的"关闭"按钮删除图片，单击"上传"按钮，在打开的列表中选择"上传图片"选项，在打开的"打开"对话框中选择需要上传的图片（配套资源：素材 \ 项目二 \ 黑胡桃木餐桌 2.jpg、配套资源：素材 \ 项目二 \ 黑胡桃木餐桌 3.jpg、配套资源：素材 \ 项目二 \ 黑胡桃木餐桌 4.jpg），单击"打开"按钮。返回"图片模板"对话框，单击"确定"按钮，如图 2-27 所示。

图 2-26　修改后的效果

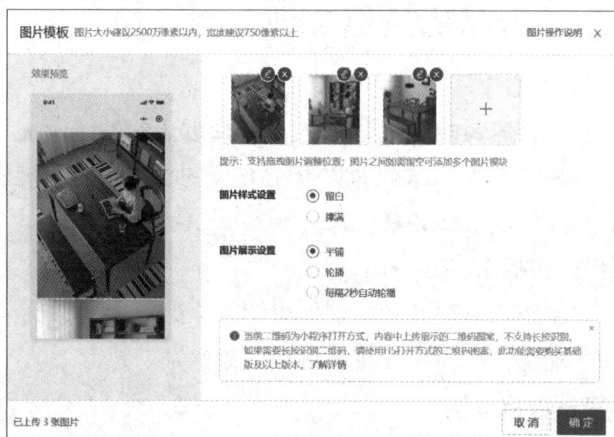

图 2-27　编辑图片

（6）单击右侧的"生成二维码"按钮，在打开的界面中单击"修改样式"按钮，在打开的"编辑字段"对话框中将"内容 1"文本框中的内容修改为"黑胡桃木餐桌"，单击"保存并返回"按钮，如图 2-28 所示。

（7）返回模板编辑页面，单击"下载打印"按钮，打开"下载打印"对话框，单击"下载"按钮，如图 2-29 所示，将二维码作为图片下载到计算机中。

图 2-28　编辑二维码样式

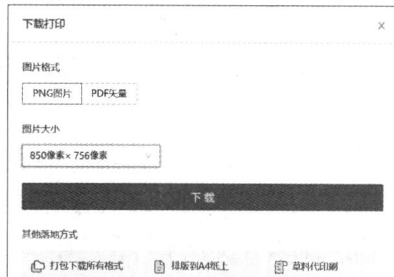

图 2-29　下载二维码

【总结考核】

总结本次实训的操作过程并回答下面的问题。

（1）本次实训使用草料二维码的模板快速制作了二维码，这说明二维码具有_____

_____的特点。

（2）查看草料二维码的模板库，可以发现该平台制作二维码的应用场景有_____

_____。

📖 案例分析

案例一　淘宝购物 AI 助手——淘宝问问

　　淘宝问问自 2023 年 9 月启动内测开始，一个月就收获了超过 500 万的受邀使用人次。用户与淘宝问问之间互动频繁，有的用户甚至每天与其互动达 8 次，这些都显示了淘宝问问对于用户的吸引力。

案例解说

一、什么是淘宝问问

　　淘宝问问是淘宝平台内基于大模型 AI 技术开发的一款 AI 对话式应用，旨在改善用户体验和拓展消费场景。其主要定位在于为用户提供商品导购和生活咨询服务，以促进消费，拓展淘宝的服务范围。

1. 淘宝问问的功能

　　淘宝问问的功能主要集中于购物方面，涵盖以下 3 个方面。

　　（1）智能导购。淘宝问问可以提供智能化的商品导购服务。用户可以通过自然语言向淘宝问问提出购物需求，如询问关于某种商品的购买建议、价格比较或商品推荐等，从而获得个性化的商品建议。

　　（2）生活咨询。淘宝问问也可以提供生活领域的咨询服务。用户可以询问关于生活常识、旅行建议、食谱制作等方面的问题，让淘宝问问帮助解答和提供建议。

（3）内容创作。除了提供商品和生活方面的咨询外，淘宝问问还能帮助用户进行内容创作，如撰写购物体验、商品评价或者生活经验分享等。

2. 淘宝问问的特点

淘宝问问在用户体验方面与传统电子商务平台十分不同，这主要是由于淘宝问问具有以下特点。

（1）对话式交互。淘宝问问采用自然语言对话。淘宝问问不再依赖传统的搜索或筛选功能，而是以对话的方式与用户交流，使二者间的交流更接近人与人之间的交流方式，激发用户需求并提供个性化的建议。

（2）大模型和数据支持。淘宝问问接入了阿里云"通义千问"大模型，在具体的数据训练中加入了大量的淘系数据，包括淘宝逛逛的短视频"种草"内容、飞猪等外部应用数据以及用户个人数据等，这使得它能更好地理解用户需求，为用户提供更准确、更加个性化的建议和推荐。

（3）拥有多种"人设"。淘宝问问细分了"用我挑商品""资深导购员""生活小助手""美食达人""旅行策划人""灵魂写手"等多种技能板块，可为用户生成商品对比（罗列各商品优势并提供选购建议，见图 2-30）、商品导购、生活建议、美食菜谱、行程建议以及"种草"文案等。这种设定让淘宝问问更具多样性和个性化，能够满足用户不同领域的需求。

（4）多种内容呈现形式。当用户提出问题后，淘宝问问的回答会展现相关视频内容、文字介绍和商品链接等，如图 2-31 所示。这样的多元呈现形式有助于更全面地回应用户需求，提供更为综合和具体的解决方案。

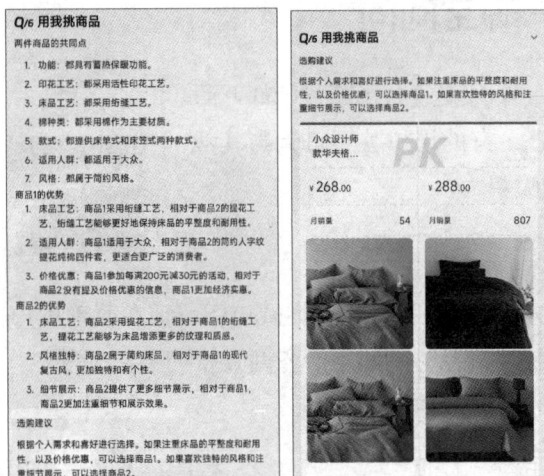

图 2-30　商品对比

图 2-31　淘宝问问的回答

二、淘宝推出淘宝问问的原因

淘宝的相关负责人在接受采访时，详细解释了淘宝推出淘宝问问的原因，主要有以下方面。

1. 战略层面——拓展服务范围

淘宝旨在从交易走向更广泛的消费以及生活服务，淘宝问问的大模型技术不仅解决了消费层面的需求，还延伸到用户生活的方方面面，这与淘宝的战略方向相契合。

2. 应用层面——改进用户体验

淘宝致力于提供更好的用户体验。传统淘宝购物依赖搜索和筛选功能，侧重于商品搜索和展示，而淘宝问问提供更自然与智能的互动方式，更专注于解决用户的问题，能够更好地帮助用户。

3. 内容层面——低成本生产内容

在抖音、小红书等内容平台崛起的大背景下，淘宝在内容方面的短板急需得到加强。通过大模型技术，淘宝问问可以快速、低成本地生成大量购物相关内容。淘宝期望，未来用户在购买商品之前，不再去小红书、抖音上搜索哪些东西好用，而是直接询问淘宝问问，进而利用淘宝问问获得被内容平台吸引的用户。

三、淘宝问问的前景与挑战

从产品定位和技术能力上来看，淘宝问问可能成为未来电子商务领域 AI 商业化的引领者，可提供新的商业模式和用户体验，为 AI 服务在电子商务中的应用提供新思路。

然而，淘宝问问也面临一些挑战：首先，淘宝问问的成熟度还不是很高，未来还需要基于大量用户、数据以及商家的反馈来提高大模型的精准度；其次，用户需要适应新的交互方式，从传统的搜索模式转变为用自然语言提问，这可能需要一定的时间和教育成本；此外，深度学习和 AI 模型的发展需要不断进行技术投入和成本支出。

四、案例思考

（1）淘宝问问是如何改变电子商务的用户体验和购物方式的？

_____

_____

_____

（2）淘宝问问的问世会对电子商务行业产生哪些影响？

_____

_____

_____

案例二　贝壳利用 VR/AR 技术刷新看房体验

长期以来，传统房产交易存在信息不对称、线下带看成本高且受地点/时间限制、看房不够直观、信息获取难等痛点。这些痛点影响了房产交易效率和用户体验，而贝壳利用 VR/AR 技术在房产交易领域引入了革命性的变革，试图解决传统交易的痛点，为用户带来全新的看房体验。

案例解说

一、线上 VR 看房

贝壳通过引入 VR 技术，创新性地提供了 VR 看房、VR 带看以及 AI 讲房等功能。

（1）VR 看房。贝壳利用智能扫描设备和三维重建技术，准确重现真实房源的细节。用户可以通过手机看到真实房屋的细节，如图 2-32 所示，展示的内容包括房屋空间尺寸、朝向，以及周边的商业配套情况。VR 看房服务提供了更为身临其境的看房体验，克服了传统图片或视频看房的局限性，让用户可以在虚拟现实中感受房屋的布局、空间大小和设计，提升了用户的看房体验。

图 2-32　VR 看房

（2）VR 带看。通过 VR 带看，用户可以提前与经纪人预约看房时间，实时连线进行房屋带看。这个功能不仅能让用户得到经纪人的实时房屋反馈，还节约了用户和经纪人的时间。用户还能随时随地邀请家人或朋友一同看房，增强了带看的便捷性和有效性。对于远程购房者，VR 带看服务打破了地域限制，使他们可以远程看房，减少了实际到达现场的次数，节省了时间和金钱成本。对于房产中介或开发商，VR 带看服务也能减少无效的实地带看次数，从而提高工作效率。

（3）AI 讲房。贝壳的 AI 讲房使用了文本转语音技术，依托贝壳海量的数据，能够在 3 秒内生成讲稿，从周边配套、小区内部情况、房屋户型结构和交易信息等维度，为用户提供智能化的房屋讲解。

二、线下 AR 带看

VR 技术让用户线上看房的体验得以优化，但传统的线下带看受当前房屋的装修和布局所限，无法展现其他可能的装修和设计方案，用户只能依赖房屋当下陈设和自身想象来判断房屋潜力。针对这些问题，贝壳推出线下 AR 带看功能。这项功能让用户通过手机等设备实时看到重新设计装修后的房屋空间效果（见图 2-33），超越当前的装修陈设，为用户呈现更多可能性。

图 2-33　AR 带看

在该功能的帮助下，经纪人可以围绕用户需求进行更具体的介绍，实时展现不同的设计和装修方案，让用户对房屋空间有更立体的理解。例如，根据用户需要，AR 可以展示次卧装修成书房或榻榻米的效果，或者展示将房屋装修成美式或北欧风格的效果，提升房源对用户的吸引力。

三、案例思考

（1）贝壳基于 VR/AR 技术提供的服务带来了怎样的价值？

_____

_____

（2）除了提升用户体验和交易效率，贝壳基于 VR/AR 的服务对整个房地产市场产生了怎样的深远影响？

_____

_____

项目总结

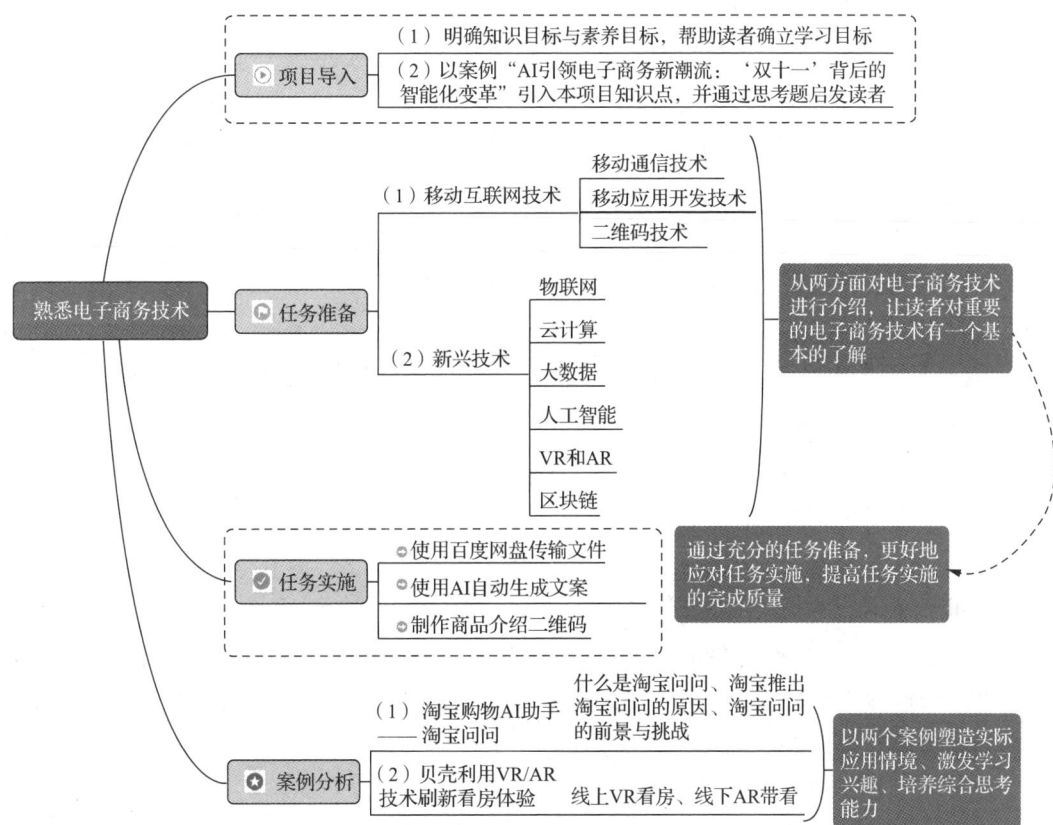

巩固提升

1. 名词解释

（1）物联网　　（2）VR　　（3）人工智能

2．单项选择题

（1）下列哪项不是大数据在电子商务中的应用？（　　　）

    A．精准营销　　　　　　　　　　　B．库存和供应链优化

    C．搜索引擎运作　　　　　　　　　D．移动支付

（2）下列哪项不属于二维码技术的特点？（　　　）

    A．信息容量大　　　　　　　　　　B．编码范围广

    C．容错能力强　　　　　　　　　　D．可以在没有网络的条件下使用

（3）下列关于区块链的说法，不正确的是（　　　）。

    A．区块链是一种分布式数据库

    B．区块链能够帮助实现商品信息的溯源

    C．区块链上的数据可以随意修改

    D．区块链使得支付与结算可以实现即时完成

3．多项选择题

（1）5G 技术对电子商务的影响主要体现在以下哪些方面？（　　　）

    A．提升供应链管理效率　　　　　　B．提升用户体验

    C．改善支付安全性　　　　　　　　D．推动电子商务的智能化发展

（2）AI 在电子商务领域的应用主要有（　　　）。

    A．智能客服　　　B．智能搜索　　　C．智能分拣　　　D．虚拟主播

（3）物联网在电子商务领域的应用主要有（　　　）。

    A．智能家居　　　B．智慧物流　　　C．智慧制造　　　D．精准推荐

4．思考题

（1）区块链的原理是什么？

（2）5G 对电子商务有哪些影响？

（3）VR 与 AR 有什么区别？

5．技能实训题

（1）完成以下二维码相关操作。

- 逛商场时搜寻商场中的二维码（来路不明的二维码除外），扫码后查看出现的内容，判断其属于二维码的哪一种应用。
- 进入餐厅后使用二维码点餐。
- 在猫眼或淘票票等平台购买一张电影票，前往电影院，通过扫描二维码取票。

（2）下载贝壳 App，并进行以下操作。

- 查看北京市的二手房房源，并查看房屋的 VR 效果。
- 点击 VR 界面右侧的"看装修"按钮，查看房屋重新装修后的 AR 效果。

项目三
认识电子商务的商业模式

项目导入

项目名称：认识电子商务的商业模式	学习课时：6 课时
学习目标	
知识目标	熟悉各种电子商务商业模式
素养目标	（1）关注新兴的电子商务商业模式，增强电子商务商业模式的分析能力 （2）了解各大电子商务企业的使命，培养个人对社会的责任感

引导案例
《2023 中国新零售白皮书》发布

　　2023 年 12 月，胡润研究院与新零售服务综合体火烧联赢联合发布《2023 中国新零售白皮书》（以下简称《白皮书》），内容涵盖中国零售业发展路径及现状剖析、胡润榜单透视零售行业发展概况、消费需求和趋势变化等。《白皮书》指出，我国零售业的发展经历了集贸式零售（1980 年以前）、连锁店式零售（1990—1999 年）、电子商务式零售（2000—2015 年）、新零售模式的探索和演进（2016 年以后）等阶段。

　　其中，电子商务式零售即网络零售，在此阶段，大量依托互联网的电子商务平台（如淘宝、京东等）迅速崛起，人们开始通过网络购买生活所需商品。随着科技的飞速发展和用户需求的日益多样化，传统零售业也面临着巨大的挑战。此时，更加智能化、高效化、个性化的新零售应运而生。新零售的特点是线上线下融合，利用科技手段提升消费体验。当然，不同行业有不同的新零售模式。例如，盒马鲜生以海鲜为切入点，集超市、餐饮与体验中心为一体；小米之家集合科技产品与家居家电产品，打造科技化空间；蔚来汽车通过构建场景体验区，建立与用户之间的情感纽带。

　　报告还展望了在云计算、AI、物联网、VR/AR 等技术的驱动下，未来新零售的发展趋势，包括消费内容的个性化、消费需求的多样化、前沿科技深度融合的智能化、沉浸式体验的场景化等。

　　思考：新零售相对于网络零售有何优势？

注意事项	
疑难点	网络零售、新零售
资料收集	（1）预习课本内容，做好笔记 （2）通过课本或网络收集电子商务商业模式的相关资料

任务准备

任务一　网络零售

　　当前，网络零售的发展依然十分火热。根据商务部消息，2024 年 1～2 月，我国网络零售额达 2.15 万亿元，同比增长 15.3%。所谓网络零售，是指通过互联网或其他电子渠道，针对个人或者家庭的需求销售商品或者提供服务。按照平台的交易对象划分，网络零售可分为 C2C 电子商务和 B2C 电子商务两种模式。

微课视频

网络零售

一、C2C 电子商务

C2C 电子商务通过电子商务平台将个体买家与卖家连接在一起，使他们能够直接交流、买卖商品和提供服务。这种模式使得个人之间的交易更加便捷和灵活，为市场注入新的活力。

1. C2C 电子商务的优势

C2C 电子商务是一种与传统商业模式完全不同的交易方式，其特点是用户数量多、商品种类多、交易次数多，为个人用户之间的交易提供了便利。C2C 电子商务的优势包括以下 3 点。

（1）成本较低。C2C 电子商务优化了交易环节，摒弃传统商务活动中通过邮寄、传真或报纸等来传输信息的方式，大大减少了通信费用。同时，由于网上商店不需要店面租金，在很大程度上减少了卖家的资金投入，并且这种方式下卖家的存货量一般不会太多，可以随时更换商品或补充货物，不需要占压太多的资金，降低了卖家的成本风险。

（2）经营时间、规模不受限制。C2C 电子商务基于互联网提供的经营环境，可以在具备网络的前提下，随时、随地进行经营活动，无须聘请专人看店就可以将店铺打理得井井有条。同时，可以通过增加商品种类及网店页面来扩大店面的经营规模，比传统商业模式减少了更多的人力资源和装修成本。

（3）准入门槛低。C2C 电子商务模式下，网店的经营费用较低，卖方只需少量本金便可以开设网店，从事商品售卖活动。网店的开设与运营操作也相对简单，对新手卖家比较友好。

2. 常见的 C2C 电子商务平台

C2C 电子商务平台主要是为个人买家/卖家提供买卖交易服务的在线平台。当前国内主流的 C2C 电子商务平台有淘宝网和闲鱼。

（1）淘宝网。淘宝网由阿里巴巴在 2003 年 5 月创立，是我国十分有影响力的 C2C 电子商务平台。淘宝网为入驻买卖双方打造了全面和完善的网上交易平台，且入驻门槛较低，普通店铺只需要申请人提供个人身份证，同时淘宝网的审核机制也没有那么严格，适合实力较为薄弱的个人卖家开店。

（2）闲鱼。闲鱼是国内知名的二手交易平台，以个人闲置物品转让为主要业务。用户使用淘宝或支付宝账户登录闲鱼 App，无须经过复杂的开店流程，就可以实现一键转卖个人淘宝账户中已买到的宝贝、通过手机拍照上传二手闲置物品及在线交易等诸多功能。

3. C2C 电子商务的交易流程

根据 C2C 电子商务的交易对象，C2C 电子商务交易流程可分为买家交易流程和卖家交易流程。

（1）买家交易流程。根据买家在网店中的购物顺序，买家交易流程可以分为搜索和浏览商品、购买商品、付款、收货并评价，如图 3-1 所示。

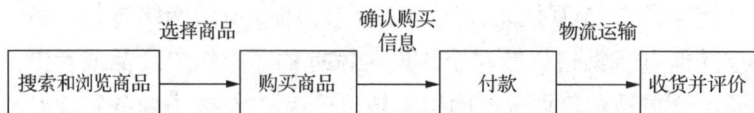

图 3-1　买家交易流程

① 搜索和浏览商品。买家根据自身需要在 C2C 电子商务平台中搜索商品相关关键词，C2C 电子商务平台将符合买家搜索条件的商品展示在网页中，买家可进行浏览。

② 购买商品。买家浏览商品后，若满意，就将商品加入购物车或直接单击商品详情页中的"立即购买"按钮购买。此时还需要确认商品的信息，包括商品的颜色、规格、数量、送货方式和收货地址等。

③ 付款。买家确认收货信息后，可进入支付页面，在该页面中可以利用 C2C 电子商务平台提供的第三方支付平台（如支付宝）进行付款。

④ 收货并评价。通过物流运输后，买家收到货物，确认无误后，可返回 C2C 电子商务平台中确认收货，同时对商品的质量、卖家的服务和物流服务等项目进行评价。交易完成后，卖家可收到买家支付的货款。

（2）卖家交易流程。卖家作为商品的销售方，须先开设店铺，然后上传商品信息。下面对卖家交易流程进行介绍。

① 开设店铺并发布商品。在 C2C 电子商务平台中开设店铺的门槛不高，通常只需要设置店铺的基本信息并进行认证。店铺开设成功后，可以发布商品，须完善商品标题、主图、类目、价格、数量、送货方式等信息。就销售方式而言，卖家可以选择一口价、个人闲置商品或拍卖等销售方式进行出售。

> **专家指导**
>
> "一口价"是指卖家以固定的价格出售宝贝。"个人闲置商品"是指发布个人持有、自用或未使用的闲置物品。"拍卖"是指价高者得的出售方式，出售时需设置起拍价、加价幅度。

② 发货。商品被买家购买后，卖家需要及时发货，并将商品交给物流公司进行运输。

③ 收款并评价。买家收到商品并确认付款后，卖家可收到第三方支付平台中暂存的款项。此时，卖家可以对买家进行评价，评价信息将计入买家的信用评价系统。

二、B2C 电子商务

B2C 电子商务是企业通过网络针对个体用户实现价值创造的商业模式，它以互联网为主要消费手段，通过信息网络，以电子数据流通的方式实现企业或商业机构与用户之间的各种商务活动、交易活动、金融活动和综合服务活动。

1. B2C 电子商务的优势

从买卖关系来看，B2C 电子商务主要包括企业和用户。因此，可从这两者出发来分析 B2C 电子商务与传统店铺销售相比所具有的优势。

（1）对企业而言，B2C 电子商务的优势主要体现在以下 3 个方面。

① 降低成本：能够减少批发商、零售商等传统供应链中的中间商环节，让企业直面用户，从而降低采购成本和销售成本。

② 拓宽销售渠道：B2C 电子商务拓展了销售渠道，覆盖了更多的消费群体，销售范围几乎不受企业大小的限制，有利于打造线上品牌形象。

③ 动态调整策略：企业还可以通过 B2C 电子商务后台动态监测商品的点击率、购买率和用户反馈，以随时调整商品的生产或进货计划，减少库存积压。

（2）对用户而言，B2C 电子商务减少了传统供应链中的中间商环节，降低了消费成本，使用户在很大程度上得到了更多价格与服务上的实惠。同时，用户足不出户就可以充分了解和对比感兴趣的商品，包括商品的外观、规格、参数、功能及价格等，在现实生活中买不到或很难买到的商品，在 B2C 电子商务平台中都可以找到并且还能获得更多的选择。

专家指导

B2C 电子商务的交易流程与 C2C 电子商务类似，只是 B2C 电子商务对于卖家的资质要求更严格，这使交易更有保障。

---

2. 常见的 B2C 电子商务平台

目前常见的 B2C 电子商务平台主要有天猫、京东和唯品会。

（1）天猫。天猫是阿里巴巴集团旗下的综合性购物网站，原名为淘宝商城，于 2012 年正式更名为天猫。天猫以商城的形式整合数千家品牌商、生产商，为商家和用户提供一站式解决方案。天猫的经营品类十分丰富，用户可以在天猫上购买服饰、数码、电器、生鲜水果、家具、汽车、图书等商品。同时，天猫还提供了 7 天无理由退货、正品保障和信用评价等服务，可以保证用户的购物安全。

（2）京东。京东是一个综合性购物网站，致力于为用户提供优质的商品、优惠的价格。京东自建物流体系，同时推出"211 限时达""售后 100 分""全国上门取件""先行赔付"等服务，从而保证商品能够较快地送达用户手中。京东的经营品类主要有家电、数码通信、计算机、家居百货、服装服饰、母婴、图书、食品等。用户可以根据实际需求，在京东自营店铺或京东第三方店铺中购买商品。

（3）唯品会。唯品会是一个专注"品牌特卖"的 B2C 电子商务平台，主要经营各大网商或者实体店商主推的知名品牌折扣商品，采用"精选品牌＋深度折扣"的品牌特卖模式。2023 年第四季度，唯品会活跃用户数为 4850 万，同比增长 2.3%。其所有商品均由品牌授权、产地直采，并通过全链路自营的方式保证 100% 正品。

素养提升

电子商务的蓬勃发展对我国经济产生了深远的影响，电子商务模式的突破和创新也影响着电子商务行业的整体走向。电子商务从业者应具备敏锐的商业洞察力，努力提升对电子商务商业模式的综合分析能力，并积极关注行业出现的新模式。

任务二 新零售

随着各大平台线上流量成本的不断上升，流量红利逐渐消失，网络零售也面临着发展的瓶颈。因此，越来越多的企业开始寻求线上与线下相结合的发展道路。新零售就是在这样的大背景下产生的。

一、新零售的含义与特点

新零售，即企业以互联网为依托，通过运用大数据、人工智能等先进技术手段，对商品的生产、流通与销售过程进行升级改造，进而重塑业态结构与生态圈，并对线上服务、线下体验以及现代物流进行深度融合的零售新模式。

具体来说，新零售呈现出以下 4 个特点。

（1）渠道一体化。企业或品牌能够有效连接线上网店和线下实体门店，打通各类零售渠道终端，实现线上和线下数据的深度融合；线上可以进行宣传和销售，线下则可以进行企业形象展示并为用户提供服务。

（2）经营数据化。新零售将零售数据化，通过数据化管理，企业能够构筑多种零售场景，从而沉淀商品、会员、营销、交易、服务等数据，为企业或品牌的运营决策提供丰富、有效的数据依据。例如，在新零售中，所有交易都通过移动支付或其他数字支付方式完成，这些交易数据被准确记录，可用于分析购物趋势、热门商品等。

（3）门店智能化。在新零售中，门店进行了智能化改造，引入智能触屏、智能货架、智能收银系统等物联设备，通过智能货架与智能硬件拓展了消费场景。门店智能化增强了用户的门店体验感，提升了用户购物的便捷性，优化了用户的互动体验。例如，某服装品牌新零售门店引进了智能屏幕（见图 3-2），只要用户站在智能屏幕前，智能屏幕就会自动完成对用户身材的识别。用户可以通过触摸屏选择自己喜欢的服饰，智能屏幕上会根据用户的操作出现虚拟试穿的效果。

图 3-2 智能屏幕

（4）物流智能化。新零售对接了第三方智能物流系统，提供多种物流方式，包括到店自提、同城配送和快递配送等，大幅缩短了配送周期；新零售引导用户线下体验、线上购买，实现线上线下库存共享，避免门店大量囤积商品。

二、新零售带来的变革

新零售之所以"新"，是因为其对传统零售业进行了颠覆性的变革，具体体现在以下方面。

1. 对"人""货""场"的重构

传统零售业竞争的本质是"人""货""场"的竞争，而新零售的一大突破就是对

"人""货""场"三要素进行了重构。

（1）对"人"的重构。传统零售以"货"为核心，而新零售则是以"人"为中心。通过大数据、人工智能等技术手段，商家可以精准地进行用户画像，从而更好地满足用户的个性化需求。

（2）对"货"的重构。传统零售模式下，商品主要是有形的；而在新零售时代，商品不仅是有形的，还包括与有形商品相结合的"商品+"，包括"商品+服务""商品+体验""商品+社交"等。例如，用户购买一款运动鞋，还可以参与跑步活动、加入跑步爱好者社群、与其他跑步爱好者交流分享等。这种转变使得商品更加丰富多样，满足了用户多样化的需求。

（3）对"场"的重构。传统零售的场景主要是实体店；而在新零售背景下，线上、线下消费场景实现了无缝对接，并出现无人零售等新型消费场景。

2. 实现"产""供""销"一体化

重构"人""货""场"只是新零售变革的基础，更重要的是新零售实现了"产""供""销"一体化。其中，"产"指产业链，"供"指供应链，"销"指借助大数据技术进行营销。"产""供""销"一体化简单来说就是企业自行生产产品，再通过自己的营销渠道来精准推广、销售产品，省掉代理商代理这个中间环节，进而提高利润。例如，部分新零售企业在收集、处理用户需求的基础上，自行建立生产基地或委托生产商生产产品，然后通过线上渠道，根据用户喜好将这些产品推荐给需要的用户，引导用户在线上下单或前往实体门店体验后下单，从而完成销售。

三、常见的新零售平台

随着新零售概念的走红，各大行业中的知名企业都开始打造专属于自己的新零售平台。其中，盒马鲜生、小米之家、携程新零售门店分别是生鲜、数码科技、旅游行业新零售的代表。

1. 盒马鲜生

盒马鲜生是阿里巴巴集团旗下以数据和技术驱动的新零售平台，旨在为用户打造社区化的一站式新零售体验中心，用科技和人情味为用户带来"鲜美生活"。盒马鲜生既是线下超市、餐饮店，又是线上购物平台，也就是说用户可到实体门店（见图3-3）购买，也可以通过盒马App下单，实现了线上线下一体化的全渠道融通。

图3-3　盒马鲜生实体店

2. 小米之家

小米的新零售战略涵盖了线上和线下零售渠道，其中线上渠道主要包括小米商城App、小米有品App及第三方线上分销平台，线下渠道则主要是小米之家（见图3-4）。小米之家是小米公司自营的连锁实体店，主要开设在都市核心商圈，提供商品展示、商品销售、售后维修、科技体验、社交互动等服务，全方位满足用户对智能生活等的需求。通过将线上流量引入线下实体门店，然后在门店中以多品类的小米系列商品来吸引用户、提升销售额，小米成功地打造了自己的新零售模式，即线上导流、线下多品类经营。

3. 携程新零售门店

携程新零售门店是指携程旅游在线下开设实体店（见图3-5），提供线上预订、线下体验的一站式服务。这些门店通常提供旅游产品的咨询、预订、体验和售后服务，是携程旅游线上服务的延伸和拓展。与传统旅行社主要提供标准化旅游产品不同，携程新零售门店基于携程平台大数据，能够根据用户需求和偏好，为用户提供个性化的旅游咨询、规划和服务，满足用户的个性化需求。

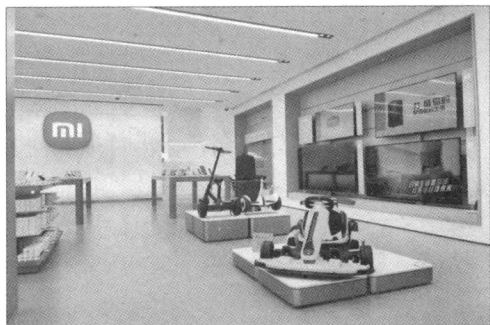

图 3-4　小米之家

图 3-5　携程新零售门店

目前，携程已经在多个城市开设了新零售门店，包括北京、上海、广州、深圳、成都等。可以预见的是，未来携程将在更多三、四、五线城市和县级城市开设新零售门店，携程新零售门店将成为携程触达下沉市场用户的重要渠道。

> **课堂讨论：**
>
> 作为旅游电子商务网站，携程为什么要开设线下实体店，涉足新零售？

任务三　B2B 电子商务

B2B 电子商务是电子商务领域应用较为广泛和很受企业重视的商务模式。B2B 电子商务平台的出现，使企业可以在网上实现为每笔交易找到最佳合作伙伴的操作，完成从定购到结算的全部交易行为。

微课视频

B2B 电子商务

一、B2B 电子商务的特点

B2B 电子商务的特点主要表现为交易金额大、交易对象广泛、交易操作规范和交易过程复杂等方面。

1. 交易金额大

相对于 B2C 电子商务和 C2C 电子商务，B2B 电子商务的交易次数相对较少，但单次交易金额往往会大于前两者。

2. 交易对象广泛

B2B 电子商务的交易对象可以是任何一种商品，同时商品除成品外，还可以是原材料或半成品。

3. 交易操作规范

相较于传统的企业间的交易，B2B 电子商务的交易操作相对规范化、标准化及流程化。在 B2B 电子商务交易方式下，买卖双方能够在网上完成整个业务流程，包括从最初接触沟通，到货比三家，再到讨价还价、签单和交货，最后到售后服务，大大节省了企业的经营成本及时间，并提高了工作效率。

4. 交易过程复杂

相较于 B2C 电子商务和 C2C 电子商务，B2B 电子商务的交易金额一般较大，还会涉及交易谈判、合同签订和售后服务及赔付等环节，因此交易过程相对较为复杂。

二、B2B 电子商务的交易模式

面对 B2B 电子商务，部分大型企业会自建网站来承担相关业务，该模式可称为基于企业自有网站的 B2B 交易模式；而对于很多中小型企业而言，自建网站没有必要，在第三方提供的电子商务平台上交易更合适，这种模式就叫作基于第三方中介网站的 B2B 交易模式。

1. 基于企业自有网站的 B2B 交易模式

基于企业自有网站的 B2B 交易模式是一种以传统企业为中心的电子商务模式，特点是企业自主搭建和管理 B2B 电子商务平台，主要面向采购商和供应商提供交易平台。其典型代表有海尔政企用户云平台（见图 3-6）、联想 B2B 平台等。

图 3-6　海尔政企用户云平台

2. 基于第三方中介网站的 B2B 交易模式

基于第三方中介网站的 B2B 交易由第三方提供 B2B 电子商务平台，平台本身不参与交易，买卖双方注册成为平台会员后，在该平台上进行交易。通常来说，该平台可以提供与交易配套的服务（如网上签订合同服务、网上支付服务、物流配送等）、供求信息服务（见图 3-7）、附加信息服务（如行业信息、市场动态等）、供应链管理服务、客户关系管理功能等。

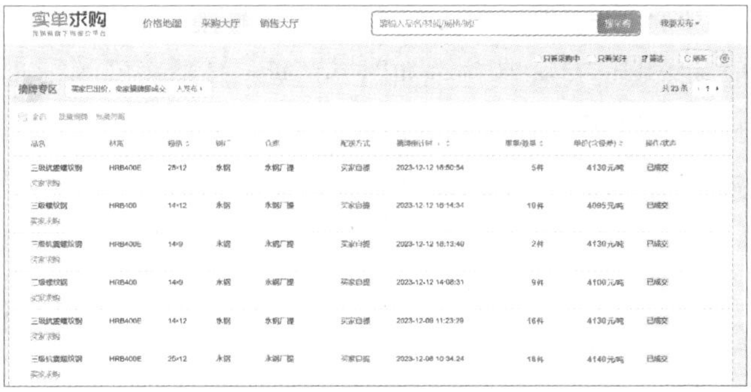

图 3-7 供求信息服务

三、常见的 B2B 电子商务平台

随着支付、物流等电子商务环境的变化，我国内部企业贸易的需求开始增加，B2B 电子商务平台数量也开始增多。目前，常见的 B2B 电子商务平台有环球资源、中国制造网、1688、慧聪网等。

1. 环球资源

环球资源是业界领先的多渠道 B2B 平台，专业性较强。环球资源服务于全球，中国市场是其经营范围的一部分。环球资源的核心业务是借助英文媒体和展会等形式促进亚洲各国的出口贸易。环球资源经过多年的发展，已成为亚洲 B2B 电子商务的领跑者。买家通过环球资源提供的服务可以了解供应商及商品的资料，在复杂的供应市场进行高效采购。

2. 中国制造网

中国制造网创建于 1998 年，是焦点科技股份有限公司旗下的综合性第三方 B2B 电子商务服务平台。中国制造网致力于为国内中小企业构建交流渠道，帮助供应商和采购商建立联系、挖掘国内市场商业机会。中国制造网为贸易双方提供信息管理、展示、搜索、对比和询价等全流程服务，同时提供第三方认证、广告推广等高级服务，帮助供应商在互联网上展示企业形象和商品信息，帮助采购商精准、快速地找到诚信供应商。

3. 1688

1688 是阿里巴巴集团旗下的批发网站，致力于为全球商家提供海量商机信息和便捷安全的在线交易市场，其首页如图 3-8 所示。目前 1688 已覆盖原材料、工业品、服装服饰、家居百货、小商品等行业大类，提供包含原料采购、生产加工、现货批发等在内的一系列供应服务。

图 3-8 1688

4. 慧聪网

慧聪网成立于 1992 年，是我国

B2B 电子商务服务提供商和行业门户，拥有海量产业用户沉淀和数据积累，主要提供 B2B 行业资讯、供应和求购信息，其首页如图 3-9 所示。慧聪网的行业专属服务提供的企业应用非常全面，主要包括信息展示、商品推广、新闻发布、行业资讯管理、专家咨询等。这些全面化、精细化的应用能够针对不同行业的企业所提出的精细化需求提供更贴近的服务。

图 3-9　慧聪网

任务实施

实训一　在 1688 上采购货物

【任务背景】

陈利开了一家小型日用品店，近期需要采购一批桌面收纳盒进行销售。他想到 1688 上货源丰富，且价格较低，于是便打算在该网站上采购桌面收纳盒。

【任务目标】

（1）熟悉 B2B 电子商务的交易流程。

（2）能够在 1688 中采购货物。

【操作步骤】

在 1688 中采购货物需要搜索与商品相关的关键词，在搜索结果中选择合适的商品，查看商品详情页，与商家磋商，最终下单并支付，具体步骤如下。

（1）进入 1688 官网，在首页中单击"一键登录"按钮。

（2）在打开的页面中单击"扫码登录在这里"文字指向的二维码区域，此时页面中将出现完整的二维码，在手机上打开淘宝 App，点击左上角的"扫一扫"按钮，

微课视频

在 1688 上
采购货物

将手机对准该二维码，在手机上点击"确认登录"按钮。

（3）在打开页面的搜索框中输入"桌面收纳盒"，单击右侧的"搜索"按钮，打开的页面中将显示搜索结果，如图 3-10 所示。

（4）选择一款桌面收纳盒，进入其详情页浏览，着重查看商品的价格、物流、售后保障等。如果有疑问，可以单击左上角店名下的"旺旺"按钮，在打开的聊天框中输入想问的问题，再单击商品卡片中的"发送链接"按钮，如图 3-11 所示，附上商品链接，最后单

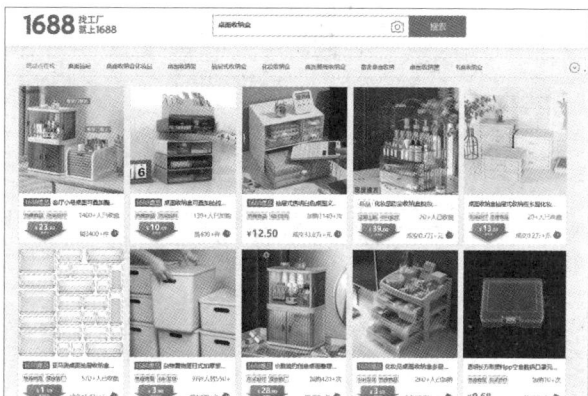

图 3-10　搜索结果

击"发送"按钮发送问题。商家会根据问题进行回复，后续可以根据实际情况与商家进行具体磋商。

（5）确定采购商品后，返回商品详情页，选择商品颜色、规格、购买数量，单击"加采购车"按钮，如图 3-12 所示。

图 3-11　咨询商家

图 3-12　加采购车

（6）打开的对话框中将显示"添加成功"，单击"继续购物"按钮关闭对话框，在商品详情页中按照相同的方法继续添加其他颜色、规格的收纳盒。添加完毕后单击打开的对话框中的"去结算"按钮。

（7）在打开的页面中可以看到之前添加的商品，单击选中需要结算的商品前的复选框，单击右下角的"结算"按钮，如图 3-13 所示。

（8）在打开的页面中确认订单信息，单击右下角的"提交订单"按钮。

（9）在打开的页面中选择支付方式，然后单击"去付款"按钮，如图 3-14 所示。在打开的对话框中输入支付密码，单击"确定"按钮完成支付。

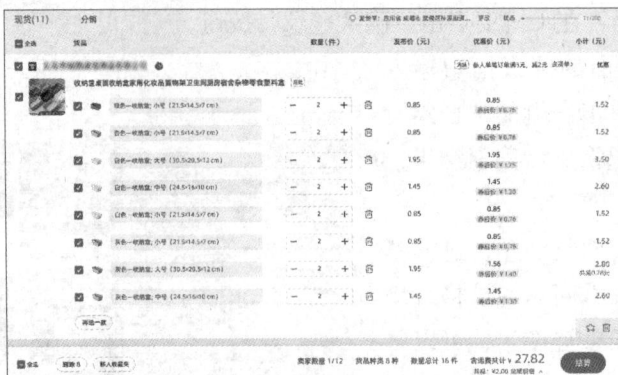

图 3-13　选择商品结算

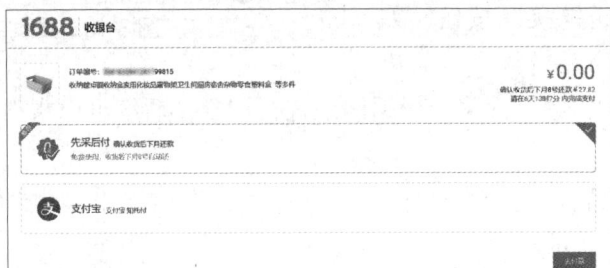

图 3-14　选择付款方式

【总结考核】

总结本次实训的操作过程并回答下面的问题。

（1）1688 的交易模式属于_____。

（2）就本次实训中的交易而言，1688 起到的作用是_____

_____。

实训二　在淘宝网上开店并上架商品

【任务背景】

娜娜是一个上班族，准备开网店卖日用品赚外快。考虑到自己没有相关资质，她打算以个人卖家的身份开店，经过考察她发现在淘宝网上开店的门槛不高，因此她决定在淘宝网上开店并上架商品。

【任务目标】

（1）了解开设个人网店的流程。

（2）掌握在淘宝网上开店并上架商品的方法。

【操作步骤】

本实训可以分为开店和上架商品两部分。

1. 开店

要在淘宝网上开设个人网店，需要完成认证，具体操作如下。

微课视频

在淘宝网上
开店并上架
商品

（1）进入淘宝网官网，单击淘宝网首页的"开店"按钮，打开"新商家开店"页面，在"普通商家入驻流程"栏下单击"个人商家"对应的"去开店"按钮，如图 3-15 所示。

图 3-15 去开店

（2）在打开的窗格中将"亲，请拖动下方滑块完成验证"滑块拖曳到最右边，在打开的窗格中输入店铺名称、手机号，获取并输入验证码，单击选中下方相关协议对应的单选项，单击"0 元开店"按钮，如图 3-16 所示。

（3）此时打开的页面中提示"完成任务即刻开店"，主要包括支付宝认证和实人认证。单击"支付宝认证"选项后的"去认证"按钮，在出现的提示框中单击"立即认证"超链接，打开认证页面，如图 3-17 所示，在其中上传证件照片，填写证件有效期并单击"确定提交"按钮。

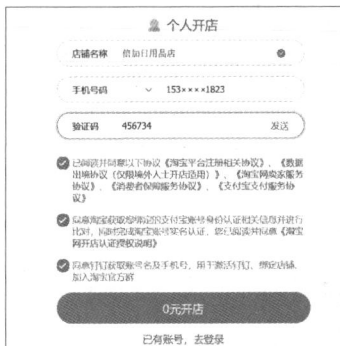

图 3-16 个人开店

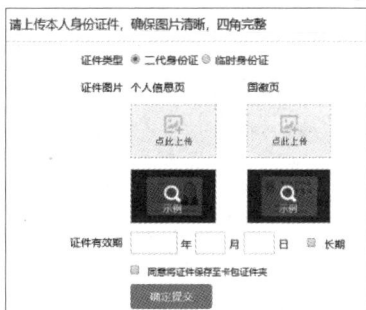

图 3-17 支付宝认证

（4）返回"完成任务即刻开店"页面，单击"实人认证"选项后的"去认证"按钮，此时会展开一个包含二维码的提示面板，使用淘宝 App 扫描二维码，进入人脸识别系统进行人脸识别。

（5）在淘宝 App 中按照提示内容完成动作并审核认证通过后，开店页面将显示"恭喜您，认证全部通过啦"，随后可单击"进入开店完成页"按钮完成开店操作。

2．上架商品

店铺开设成功后可上架商品，具体操作如下。

（1）在淘宝网首页右上方单击"千牛卖家中心"超链接，打开千牛商家工作台页面，在左侧导航栏中依次选择"商品 / 发布宝贝"选项。

（2）进入"商品发布"页面，在"上传商品主图"栏下单击"添加上传图片"按钮，在展开的面板中单击"上传图片"按钮，在打开的界面中单击"上传"按钮，如图 3-18 所示。

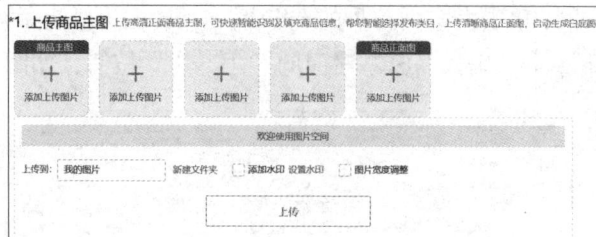

图 3-18　上传商品主图

（3）在打开的"打开"对话框中选择需要上传的商品图片，单击"打开"按钮上传商品主图（配套资源：素材 \ 项目三 \ 衣架主图 .png），上传成功后图片将显示在"上传商品主图"栏中。

（4）系统会根据商品主图自动匹配商品类目。仔细查看商品类目，若确认无误，单击"确认类目，继续完善"按钮，如图 3-19 所示。

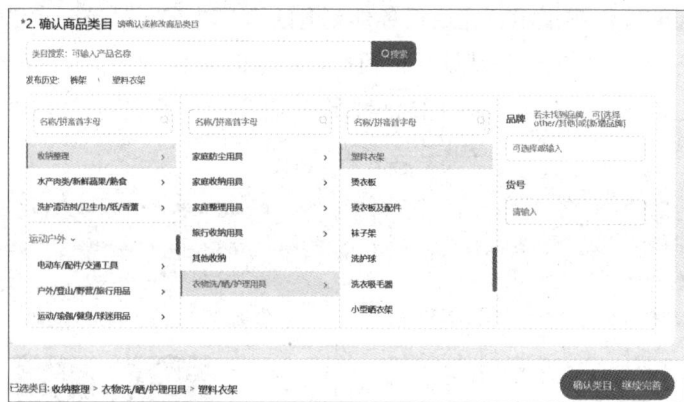

图 3-19　确认类目

（5）打开"完善商品信息"页面，填写宝贝标题（见图 3-20）、类目属性、销售信息（见图 3-21）、物流信息（见图 3-22）。在"详情描述"栏中单击"图片"按钮，上传商品详情页（配套资源：素材 \ 项目三 \ 衣架商品详情页 .png），最后单击"提交宝贝信息"按钮进行发布。

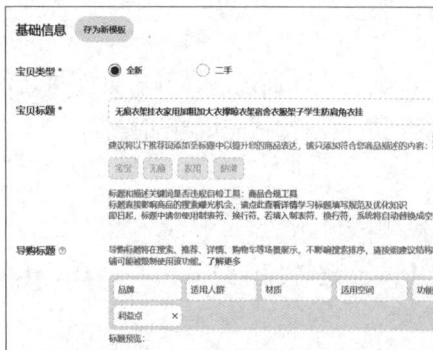

图 3-20　填写宝贝标题

图 3-21　填写销售信息

图 3-22　填写物流信息

【总结考核】

总结本次实训的操作过程并回答下面的问题。

（1）本次实训中，在淘宝网上开设个人店并上架商品属于＿＿＿电子商务模式。

（2）本次实训中，使用个人身份证即可开店，说明该电子商务模式具有＿＿＿的特点。

案例分析

案例一　天猫商业模式分析

天猫是阿里巴巴集团旗下的综合性购物网站，它整合了数万家品牌商、生产商，为商家和消费者之间提供一站式解决方案。天猫依托于庞大的用户量，通过独特、创新的理念，迅速成长为主流 B2C 电子商务平台。

案例解说

2011 年 6 月，淘宝拆分为淘宝网、淘宝商城和一淘网，并分别独立运营。2012 年 1 月 11 日，淘宝商城正式更名为天猫，作为 B2C 电子商务平台独立运营。自此，天猫迎来高速发展的黄金时期，在 2012—2017 年的这段时间里，天猫总成交额由 2000 亿元增长到 20000 亿元，规模翻了近 10 倍。截至 2023 年，天猫入驻商家超过 1000 万家，同时在 B2C 电子商务市场份额中，连续多年持续维持 50% 的市场占比，其领头羊的位置依然稳固。

一、天猫的定位

天猫主要向企业提供第三方交易平台，并不负责销售等相关环节，商家通过天猫直接面向用户销售商品或服务，天猫在交易过程中起信誉保证和中间联系人的作用。天猫的定位比较清晰。对内，它是阿里巴巴集团在实物消费领域的主战场，承担着 B2C 电子商务发展的重担。对外，天猫打造了一个多元化、高品质和高服务的时尚虚拟商圈。与淘宝的"集市"模式相对应，天猫是一家大型"商城"，这里不仅拥有各种国内、外品牌的旗舰店，也拥有势头强劲的新兴品牌，且都是经过商业注册的正式商标和品牌。在琳琅满目、良莠不齐的互联网中，天猫树立起了信誉购物、安全购物、品质购物的标杆。

就用户而言，随着商家入驻条件的提高，天猫的目标用户定位是追求品质、对服务有要求、购买能力较强的人群。目前，天猫的主打商品是服饰箱包和个护化妆品等。

二、天猫的盈利模式

天猫不参与商品交易，其收入来源主要包括软件服务年费、软件服务费、广告收入、资金沉淀收入等。

1. 软件服务年费

商家在天猫开展经营必须缴纳年费。软件服务年费即商家入驻时商家缴纳的年费，包括 3 万元 / 年和 6 万元 / 年两档，商家需要在年末规定时间内一次性预缴第二年的年费。

2. 软件服务费

软件服务费也称实时划扣技术服务费，简单来说就是入驻天猫平台的商家每成交一笔订单，天猫平台都会提取的交易佣金。商家在天猫经营需要按照其销售额（不包含运费）的一定百分比（简称"费率"）缴纳软件服务费。例如，男装的软件服务费费率为 5%，若一件男装的成交额为 500 元，天猫将收取 25 元的软件服务费。

3. 广告收入

天猫为入驻商家提供了付费广告服务，如直通车广告、引力魔方广告等，商家需要通过竞价来争取优质广告位，具体的广告费用将根据广告位的竞价和展示效果进行计费。

4. 资金沉淀收入

资金沉淀收入是指用户在天猫上购买商品并支付货款后，这部分货款由第三方支付平台支付宝暂存，在用户确认收货后，商家才会收到这部分货款。这个时间差所产生的资金沉淀可以供天猫进行其他投资从而获利。

三、天猫的核心竞争力

天猫作为国内较大的电子商务平台，其核心竞争力主要体现在以下几个方面。

1. 平台规模和实力

天猫拥有庞大的平台规模和雄厚的资金 / 技术支持，可为用户提供丰富的商品和服务。此外，天猫拥有海量的活跃用户和商家，这些都是其他 B2C 电子商务平台难以匹敌的。

2. 优质服务

天猫提供即时通信工具——阿里旺旺，以方便买卖双方沟通联系，从而使交易更加透明。通过即时沟通、磋商交易的相关事宜，买卖双方对网上交易更加放心。同时，买卖双方通过支付宝在线交易，支付宝为二者提供了安全支付的保障。为了解决网络交易的诚信问题，让商家尽可能提高服务质量，保护用户的利益，天猫还开发了店铺评价体系。

此外，天猫拥有严格的申请条件和违规处罚制度，有详细的各经营种类的招商标准及行业标准，对入驻商家进行充分约束。根据严重程度，天猫将违规行为分为严重违规和一般违规，采用扣分制，详细地列出了不同行为的扣分说明，根据扣分的情况进行相应的处罚，违规严重的则强制其退出天猫。

3. 完善的生态系统

天猫一直致力于构建一个开放、协同、共享的生态系统，包括用户、商家以及一系列的生态服务商。这使得天猫从单一的"交易撮合平台"演变出多元化的数字商业生态，这种变化使得天猫能够更好地适应市场需求，也为参与者提供了更大的发展空间和更多的机会。

四、案例思考

（1）天猫的定位是怎样的？用户体验如何？

_____

_____

_____

（2）天猫的盈利模式是怎样的？你认为该盈利模式对天猫的长期发展有何影响？

_____

_____

_____

案例二　新零售的典范——盒马鲜生

2015 年，国内电子商务市场趋于饱和，阿里巴巴集团面临发展瓶颈。此时，盒马鲜生伴随着"新零售"的理念应运而生，通过一种新的商业模式，为零售行业带来了颠覆性的变革，被视为新零售的样本。

案例解说

一、盒马鲜生的发展历程

盒马鲜生自诞生以来，早期快速扩张，而后也因遇到困难而必须做出调整，目前其发展已进入成熟期。具体来说，盒马鲜生的发展历程可以划分为以下几个阶段。

1. 初创阶段

2015 年年底，拥有超过 20 年物流经验的原京东物流总监在上海浦东创立了盒马鲜生。盒马鲜生首店于 2016 年 1 月在上海金桥广场开业，该超市兼具餐饮店、便利店等属性。2016 年 3 月，盒马鲜生获得了阿里巴巴 1.5 亿美元的投资，成为阿里新零售战略的一部分，这为盒马鲜生提供了技术、数据和资源方面的强大支持。

2. 快速扩张阶段

在创立后的 3 年里，盒马鲜生利用阿里巴巴的技术和数据资源，建立了完整的数字化供应链、仓储和配送体系，实现了从供应链到销售再到物流履约链路的数字化。盒马鲜生也迅速扩张，门店数量超过百家，年销售额过百亿元。

3. 升级与改良阶段

2019 年，盒马鲜生的业务网络逐渐完善，但也面临一些问题，如门店扩张过快、食品安全问题等。于是，阿里巴巴进行组织架构调整，关闭存在问题的店铺，并从"大店"模式转向"小店"模式。同时，其还推出了盒马花园、X 会员卡升级、盒区房等新业态，不断升级和改良业务。

4. 成熟发展阶段

从2022年开始，盒马鲜生基本实现了多元化业态的构建，包括定位中高端的盒马鲜生、盒马云超、盒马X会员店，以及针对下沉市场的盒马奥莱和盒马邻里等。同时，盒马鲜生建设了多个供应链运营中心，提升了运营效率。另外，盒马鲜生还推出了一系列新服务，如盒马鲜火锅、盒马烘焙等，以及"1小时达"服务，不断优化用户体验。截至2023年9月底，盒马鲜生的全国门店数量突破350家。

二、盒马鲜生的新零售模式

传统零售门店的特点是面积大、类目繁多，存在想要的东西找不到、商品的质量和新鲜程度得不到保证、排队结账时间长、购买的商品太沉不便带回家等痛点。而盒马鲜生以全新的零售理念，针对传统零售门店的缺点，对零售模式进行了全面升级，给用户带来了前所未有的购物体验。这里从线上、线下、线上线下一体化、"产""供""销"一体化4个方面介绍盒马鲜生的新零售模式。

1. 线上

盒马鲜生的线上端主要由盒马App承载。用户可以直接在盒马App上选购商品。一般情况下，用户下单后30分钟内，盒马鲜生即可将用户所购商品配送到家。而且用户在盒马鲜生门店内看到的任一商品都可在盒马App中找到同款，并下单配送到家。盒马App还开辟了社交板块，用户可以在该板块中发布与美食相关的内容，并与其他用户互动。此外，用户可以在盒马App中进行个人账号管理，包括查看红包卡券、余额、订单情况，申请退换货，付费成为会员，等等。

2. 线下

盒马鲜生实体门店设有用餐区，可供用户一边逛一边吃，如用户在店内选购海鲜等食材后，可委托厨师直接加工、现场制作，实现即买即烹，品尝用新鲜食材制作的美食。此外，盒马鲜生实体门店可以作为一个中小型的仓储配送中心来运作。一收到线上订单，门店内的拣货员便立即使用专用购物袋开始拣货，拣货完成后通过传送带（见图3-23）将专用购物袋输送到下一位拣货员处，依次拣货完成后，再将货物传送到后仓进行打包、配送，确保货物能被快速送到用户手中。

图3-23　传送带

3. 线上线下一体化

盒马鲜生线上线下一体化的关键是电子价签（见图 3-24）。盒马鲜生通过电子价签将线上线下销售的商品进行统一管理，覆盖采购、入库、上架、取货、打包、配送等全流程，全面涉及商品的变价、促销、用户积分和库存等信息，这不仅有助于实现线上线下同价，还能及时更新线上库存，避免门店缺货时线上却仍能下单的情况出现。用户在盒马鲜生实体门店中选中某款商品，还可以扫描商品上的电子价签，查看商品具体信息，并跳转到盒马 App 进行线上下单。此外，盒马鲜生线上线下采用统一的会员管理体系，只要用户付费成为会员，无论是在线上还是线下消费均可享受相关权益，如会员专享价、会员日 8.8 折、购物返积分等。

4. "产""供""销"一体化

盒马鲜生打造了自有品牌"盒马烘焙""盒马工坊"等（见图 3-25），覆盖农副产品、鲜食、饮料等品类。盒马鲜生深入原材料产地，找到原材料优质供应商，并与优质代工厂合作（盒马鲜生在合作中处于主导地位，深度参与工艺流程、包装设计、配料表制定等环节），然后将生产出的商品通过线上、线下渠道进行销售。同时，盒马鲜生还借助大数据，不断洞察用户的消费习惯和消费喜好，针对用户的需求研发、优化商品，使商品获得更多用户的认可。

图 3-24　电子价签

图 3-25　盒马自有品牌

三、案例思考

（1）盒马鲜生与传统商超之间有什么区别？

_____

_____

（2）盒马鲜生的新零售模式中，线上线下一体化是如何实现的？

_____

_____

_____

项目总结

```
                    （1）明确知识目标与素养目标，帮助读者确立学习
                         目标
        ⊙项目导入     （2）以案例"《2023中国新零售白皮书》发布"
                         引入本项目知识点，并通过思考题启发读者

                    （1）网络零售    ┌ C2C电子商务
                                    └ B2C电子商务

                                    ┌ 新零售的含义与特点          从网络零售、新零售两方面
        ⊙任务准备     （2）新零售    ├ 新零售带来的变革            展开介绍，然后介绍B2B电
认识电子商务的                        └ 常见的新零售平台           子商务。让读者对主做的电
商业模式                                                        子商务商业模式有一个基本
                                    ┌ B2B电子商务的特点          的了解
                    （3）B2B电子商务 ├ B2B电子商务的交易模式
                                    └ 常见的B2B电子商务平台

                    ⊙在1688上采购货物            通过充分的任务准备，更好地
        ☑任务实施     ⊙在淘宝网上开店并上架商品    应对任务实施，提高任务实施
                                               的完成质量

                    （1）天猫商业模式分析  ┌ 天猫的定位、天猫的盈利    以两个案例塑造实际
                                        └ 模式、天猫的核心竞争力   应用情境、激发学习
        ⊙案例分析     （2）新零售的典范——  ┌ 盒马鲜生的发展历程      兴趣、培养综合思考
                         盒马鲜生          └ 盒马鲜生的新零售模式    能力
```

巩固提升

1. 名词解释

（1）网络零售　　　（2）新零售　　　（3）"产""供""销"一体化

2. 单项选择题

（1）下列不属于B2B电子商务网站的是（　　　）。

　　　A. 阿里巴巴　　　　　　　　　　B. 慧聪网

　　　C. 环球资源　　　　　　　　　　D. 唯品会

（2）下列关于新零售模式的说法，不正确的是（　　　）。

　　　A. 消费场景只是单纯的交易场所

　　　B. 将线上与线下渠道打通

　　　C. 重视用户的个性化需求

　　　D. "产""供""销"一体化是发展趋势

（3）下列各项中，不属于 B2B 电子商务特点的是（　　　）。

    A．交易金额小　　　B．交易操作规范　　C．交易对象广泛　　D．交易过程复杂

3. 多项选择题

（1）下列属于 B2C 电子商务网站的有（　　　）。

    A．天猫　　　　　　　B．京东　　　　　　C．闲鱼　　　　　　D．唯品会

（2）新零售的特点包括（　　　）。

    A．渠道一体化　　　B．经营数字化　　　C．门店智能化　　　D．物流智能化

（3）C2C 电子商务的优势有（　　　）。

    A．成本较低　　　　　　　　　　　B．准入门槛低

    C．经营时间、规模不受限制　　　　D．用户数量多

（4）下列选项中，关于电子商务商业模式的说法，正确的有（　　　）。

    A．C2C 电子商务的成本较低

    B．C2C 电子商务的准入门槛低

    C．B2C 电子商务使用户得到了更多价格与服务上的实惠

    D．B2B 电子商务的交易金额一般较小

4. 思考题

（1）C2C 电子商务的交易流程是怎样的？分别从买家和卖家的角度进行阐述。

（2）新零售为零售行业带来了哪些变革？

（3）B2C 电子商务有哪些优势？

5. 技能实训题

（1）下载盒马 App，并完成以下任务。

- 前往盒马鲜生门店，观察门店中的智能化设备，包括智能收银机等。
- 使用盒马 App 扫描想要购买的商品的电子价签上的二维码，在盒马 App 上下单。
- 通过盒马 App 查看订单及其发货、配送情况。

（2）下载并打开闲鱼 App，并完成以下任务。

- 浏览首页推荐的商品，选择一款进入其详情页，点击右下角的"我想要"按钮，在打开的与买家的聊天界面中咨询商品详情，包括商品新旧程度、价格、交货方式等。
- 点击底部的"卖闲置"按钮，在打开的列表中选择"一键转卖"选项，选择一款自己在淘宝网买过的商品，设置商品的描述信息、价格、发货方式等。

项目四
开展网络营销

任务准备

任务一　网络营销基础

随着互联网的普及和发展，网络营销近年来得到了迅猛的发展。当前，网络营销作为一种新的营销模式，在我国电子商务行业得到了广泛的应用。

一、网络营销的含义

网络营销是企业利用网络进行品牌宣传、商品或服务营销的一种策略活动，其最终目的在于吸引用户进入目标网站并购买商品或服务。网络营销以互联网媒体为基础，以其他媒体为整合工具，并以互联网的特性和理念实施营销活动，能有效地促成品牌的延伸或个人和组织交易活动的实现。当下，微信营销、微博营销、短视频营销和直播营销都发展得非常火热。总体来讲，凡是以互联网或移动互联网为媒介开展的营销活动，都可称为网络营销。

微课视频

网络营销基础

二、网络营销的策略

网络营销的策略是根据企业在市场中所处地位而采取的多种营销策略的组合，包括商品策略、价格策略、渠道策略和促销策略。

1. 商品策略

网络营销的商品策略是指确定要在网络上销售的商品或服务。这需要考虑商品的特点、市场的需求以及竞争对手的情况。选择具有竞争力和市场潜力的商品，可以提升销售效果。

2. 价格策略

价格策略是指确定商品或服务的定价方式。定价时，需要考虑成本、市场需求、竞争环境及品牌定位。成功的价格策略应能在保证盈利的同时吸引和留住用户。网络营销的价格策略主要有以下几种。

（1）免费策略。免费策略是网络营销中常用的一种价格策略，是指将企业的商品或服务以免费的形式提供给用户使用。例如，某电子商务平台建立初期，为注册的用户提供免费鸡蛋，吸引用户成为会员。

（2）折扣策略。折扣策略是指以低价销售商品或服务给用户，以促进销售的策略。这种价格策略往往在新商品上市、清仓库存商品或者节假日大促销的时候使用。

（3）个性化定价策略。个性化定价策略是指根据不同的市场细分和用户需求，对同一商品或服务进行不同的定价。例如，企业根据用户对饮料不同口味的需求，制定不同的价格。

（4）动态定价策略。动态定价策略是指根据季节变动、市场供需情况、竞争商品或服务价格变动、促销活动等因素，调整商品或服务价格的策略。

（5）捆绑销售策略。捆绑销售策略是指将多个商品或服务组合在一起销售，通过提供套餐优惠的方式促使用户购买的策略。

3. 渠道策略

渠道策略是指确定商品或服务的销售渠道，以选择合适的渠道来提高商品或服务的曝光度和销售量。在网络上销售商品或服务，可以选择第三方平台渠道和使用自建平台渠道两种渠道策略。

（1）选择第三方平台渠道。选择第三方平台渠道是指企业利用互联网上现有的销售平台（如淘宝、京东、拼多多等）作为渠道来销售商品或服务。图4-1所示为OPPO淘宝官方旗舰店。在第三方平台上销售商品，可以利用平台的流量和用户基数，提高曝光度，尤其适用于新品牌或小型企业。同时，企业可以享受平台提供的各种服务和工具，如支付、物流、客户服务等。当然，这也意味着需要与其他竞争品牌在同一平台上共享用户流量。

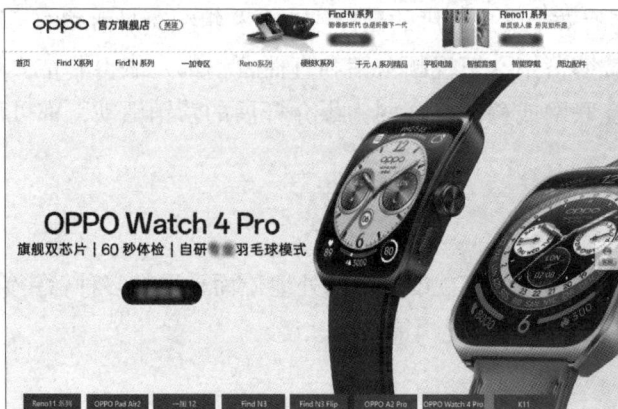

图4-1　OPPO淘宝官方旗舰店

（2）使用自建平台渠道。自建平台渠道是指在官方网站或独立电子商务平台上销售商品，图4-2所示为OPPO自建网上商城。采用这种策略，企业会有更多的自主权，能够建立独立的品牌形象，可以直接与用户互动，建立更深层次的关系。这种策略的不足是需要投入更多资源来搭建和维护平台，同时对于企业自建平台的流量有一定要求。

在选择渠道策略时，企业需要综合考虑自身的实际情况、商品特性以及目标市场。有时，采用混合渠道策略，同时在第三方平台和自建平台上销售，可以达到更好的效果，如上文提到的OPPO就采用了这样的策略。

图4-2　OPPO自建网上商城

4. 促销策略

促销策略是指通过各种手段来宣传和推广商品或服务，以吸引用户购买的一种策略。

促销策略包括网络广告、站点推广、网络销售促进和网络公关4种形式。

（1）网络广告。在互联网上可以通过各种广告渠道投放广告，以提高品牌知名度、吸引流量、促进销售。

（2）站点推广。站点是指企业建立的网站站点，站点推广就是对企业的网络营销网站进行宣传，扩大企业知名度，并为网站引流，以达到宣传和推广企业、商品或服务的目的。例如，小米向小米手机用户推送信息，为小米商城引流。

（3）网络销售促进。网络销售促进即通过满减优惠、附送赠品等方式刺激用户产生购买行为。其能够在短时间内刺激销售，吸引用户。

（4）网络公关。网络公关即利用互联网媒体、社交媒体平台，通过发布新闻稿等方式，建立和维护品牌形象。例如，海尔经常通过官方微博发布与品牌荣誉相关的新闻稿，以彰显品牌实力，如图4-3所示。

图4-3 网络公关

任务二 网络广告

网络广告就是在网络平台上投放的广告，与传统的报纸、杂志、电视和广播四大传播媒体中的广告相比，网络广告更加符合互联网环境，是现代营销媒体战略的重要部分。

一、网络广告的形式

网络广告的表现形式多种多样，如网页广告、搜索引擎广告、直播广告、App广告、视频广告、音频广告等。

1. 网页广告

网页广告是较早出现的网络广告，其特点是在网页上以静态、动态或者超链接等方式展示广告内容，主要包括以下几种。

（1）横幅广告。横幅广告又称旗帜广告，是最早的网络广告形式，是横跨于网页上的矩形公告牌，如图4-4所示。当用户单击横幅广告时，可以直接链接到具体的网页。

微课视频

网络广告

图 4-4　横幅广告

（2）文本链接广告。文本链接广告以文字的形式链接到具体的网页，对用户干扰最少，如图 4-5 所示。

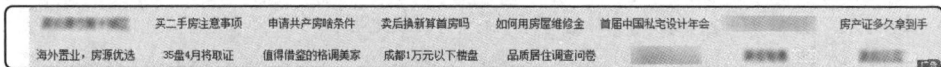

图 4-5　文本链接广告

（3）按钮广告。按钮广告从横幅广告演变而来，其尺寸比横幅广告小很多。按钮广告一般由一个标志性图案构成（通常链接着公司主页），可以灵活放置在网页的任何位置。

（4）弹出式广告。弹出式广告是在用户进入网页时，强制弹出一个广告页面或广告窗口，以吸引用户查看相关网页内容的广告形式。弹出式广告会在用户访问网页时突然弹出或浮现在页面上，覆盖原始内容，因此在视觉上更加显眼，容易引起用户的注意。

（5）浮动广告。浮动广告是指在页面内沿一定轨迹浮动（沿着某一固定路线浮动或随着用户拖曳浏览器滚动条而浮动）的广告形式，也就是说，它会一直出现在屏幕上（除非用户主动将其关闭）。

2. 搜索引擎广告

搜索引擎广告通过在搜索引擎结果页面上展示广告来吸引潜在客户。当用户在搜索引擎中搜索相关关键词时，与这些关键词相关的广告将会显示在搜索结果页面的上方或侧边栏（下方显示"广告"字样），如图 4-6 所示。

3. 直播广告

直播广告是指将直播平台中的直播间作

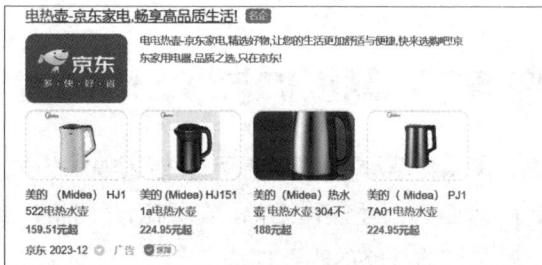

图 4-6　搜索引擎广告

为媒介，在直播过程中投放的广告。这种广告通常在没有预先制作的情况下，由主播直接讲述，并即时播放。直播广告形式简单、时效性强，主播可以根据用户的反馈和直播内容对直播广告进行实时调整和修改，因此直播广告有较强的互动性和灵活性。

4. App 广告

App 广告是指在 App 中展示的广告形式。随着智能手机和移动应用的普及，App 广告成为一种常见的网络广告形式。App 广告主要包括以下两种。

（1）开屏广告。开屏广告是指在用户打开 App 时立即展示

> **课堂讨论：**
>
> 　　你平时在使用 App 时会遇到哪些广告？这些广告是否影响了你的使用体验？

的广告，如图4-7所示。这种广告通常以全屏或半屏的形式出现，可以吸引用户的注意力并促使他们点击。开屏广告可以是图片、动画或视频等形式，主要用于推广商品、服务或品牌。

（2）信息流广告。信息流广告是指在App的信息流（如新闻、社交动态等）中插入的广告形式，可以是文字、图片、视频等形式。这些广告通常与用户看到的内容自然融为一体，如图4-8所示，不会干扰用户的阅读。

素养提升

2021年4月，中国广告协会和中国互联网协会对《移动互联网应用程序（App）启动屏广告行为规范（征求意见稿）》公开征求意见，对启动屏广告时长、数量、"跳过／关闭"标志的最小面积等进行了具体细致的规定。同年7月，工业和信息化部针对开屏广告自动跳转到第三方页面、诱导用户点击跳转等App广告违规行为进行了整治。由此可见，相关部门对于App广告乱象十分重视，企业在投放App广告时一定要注意相关问题，避免对品牌造成负面影响，甚至违法违规。

---

5. 视频广告

视频广告是一种以视频形式呈现的广告，可以通过图像、动画和音效等元素创造丰富的视觉效果，吸引用户的眼球。视频广告的类型包括以下3种。

（1）短视频广告。短视频广告是指不依附于长视频、时长较短的视频广告，如图4-9所示，其时长通常在几秒到几分钟之间，与用户碎片化的观看习惯相适应。短视频广告通常出现在短视频平台上，可以通过创意和幽默来吸引用户的注意。

| 图4-7 开屏广告 | 图4-8 信息流广告 | 图4-9 短视频广告 |

（2）贴片广告。贴片广告是出现在长视频播放前或暂停时的视频广告，如图 4-10 所示。

图 4-10　贴片广告

（3）角标广告。角标广告是指在长视频播放时在画面一角显示的广告标识，用于吸引用户注意。

6. 音频广告

音频广告是一种通过声音传达信息的广告形式，通常在音频流媒体服务、播客等媒介中播放。音频广告通常以音频片段的形式出现，时长从几秒到几分钟不等。它可以采用语音、音乐、音效等元素来传达广告信息，适用于通勤、运动、做家务等场景。

二、网络广告的投放

网络广告的投放效果与投放时间、投放金额和网络广告管理息息相关，要想让网络广告带来更多的效益，就必须重视以下要点。

1. 明确网络广告投放的目的

不同企业投放网络广告的目的不同，有的是宣传商品或品牌，有的是推广自己的网站，企业应根据自身的需求来选择不同类型的网络广告。例如，要直观展现商品的独特功能，可以选择流量大、用户群体与品牌目标用户接近的直播间投放直播广告；如果是为了推广自己的网站，可以投放搜索引擎广告，进而为网站引流。

2. 确定网络广告投放的费用预算

投放网络广告总是需要资金的投入，不同网络平台和不同类型的网络广告的收费标准不同。企业要事先做好广告预算，确定好投入多少资金，怎样分配资金，如何防止资金的浪费等，以提升广告推广效率。

3. 预留一定的测试时间

网络广告的投放不是一件简单的事情，需要相应的技术、资金支持。为了避免发生错误，应在投放广告前进行测试，保证广告播放正常、链接正确和广告监测系统正确计数，以顺利完成网络广告的投放和后续工作。

4. 确定网络广告的更换周期

不管多有创意的广告，投放时间久了用户都可能会产生视觉疲劳。随着投放时间的增加，广告的点击率必然会有所下降。因此，建议定期更换网络广告，如可保持两周换一次的频率。但若是为推广新商品以增强品牌记忆，建议将广告在同一广告位长期投放，以培养用户的浏览习惯。

5. 做好网络广告的管理

网络广告投放成功并不代表整个过程的结束，相反，将进入更重要的阶段——网络广告的管理。企业要做好网络广告的管理，如建立必要的备份方案，进行详细的广告流量监测、投放效果分析等，以保证网络广告的有效性。

任务三 新媒体营销

近年来，各种新媒体平台成为人们获取信息、社交互动和娱乐的主要途径。可以说，新媒体的兴起深刻地改变了人们的生活方式和消费习惯。很多企业也紧跟潮流，充分利用新媒体开展营销。

微课视频

新媒体营销

一、短视频营销

短视频营销是指利用短视频平台（如抖音、快手等）开展品牌推广和营销活动的一种营销方式。当前，观看短视频已经成为很多人日常生活的一部分，各大企业和品牌也纷纷借助短视频开展营销。具体来说，短视频营销需要做好以下方面。

1. 确定账号的内容定位

在短视频平台中，内容垂直的账号更容易获得精准的流量，因此有必要先确定账号的内容定位，保证短视频内容紧紧围绕该领域来创作。当前短视频包括很多内容领域，如美食、健身，其下还有多个细分领域，如美食领域下有川菜、粤菜、湘菜等，健身领域下有跑步、瑜伽、球类运动等。在确定内容定位时，可以从品牌的所属行业入手，如猫粮品牌可以选择宠物领域下的萌猫细分领域；还可以考虑目标用户的需求，如母婴品牌的目标用户主要是年轻妈妈，她们更加关心孩子的健康、教育以及产后调理等方面的问题，因此短视频内容可以与这些方面相关，如小孩的日常生活片段、幼儿教育、婴儿食谱等，也可以是产后身体调理知识等。

2. 策划短视频的内容

现在用户对短视频的要求很高，开展短视频营销时需要策划出精彩的内容，在内容里巧妙地植入营销信息，这样才不会引起用户的反感，并且吸引用户关注。短视频内容的策划具体包括以下步骤。

（1）确定短视频的选题。选题简单来说就是短视频的主题。在确定选题时，可以在短视频平台中搜索内容领域关键词，如"装修"，然后在搜索结果页点击"筛选"按钮，筛选出点赞数较多的短视频，从而找到当前比较热门的短视频，将这些短视频的选题记录下来备选。此外，还可以在短视频评论区、粉丝群、微博等发起投票，让用户从备选选题中选出他们感兴趣的选题，最后结合自身拍摄能力、资金、设备等实际情况确定最终选题。

（2）确定短视频内容的展现形式。如同文章有叙事、议论等形式，短视频内容也有专属的展现形式。目前比较流行的短视频内容展现形式有以下几种。

① 图文拼接：使用短视频平台提供的模板，将照片添加到其中制作成短视频。

② 故事短剧：有主角、有情节的短视频，需要真人出镜扮演，通常以幽默、感人等风格打动用户。

③ 真人口述：由真人出镜直面镜头，讲解各种有价值的知识（如职场晋升之道等）。

④ 展示分享：通过试用、演示等手段分享某事、某物。

⑤ Vlog：以微型纪录片的形式记录日常生活片段。

（3）确定营销信息的植入方式。短视频营销的主要方式是在短视频内容中植入营销信息，植入方式主要有品牌露出、剧情植入和口播3种。

① 品牌露出。品牌露出是指将商品作为道具，呈现在用户面前，这种方式比较直接，很多短视频都用这种方式来开展营销。

② 剧情植入。剧情植入是指将商品或品牌融入场景，通过短视频故事情节的发展使商品或品牌自然显露。

③ 口播。口播就是直接用念台词的方式，把商品的信息、功效作用展示出来。

（4）撰写短视频脚本。短视频脚本是介绍短视频详细内容和具体拍摄工作的说明书。在短视频创作中，比较常见且实用的是分镜头脚本。分镜头脚本主要是以文字的形式直接描述不同镜头的短视频画面，主要项目包括画面内容、景别、拍摄方式（镜头运用）、时长、台词和音效等内容。

知识链接

短视频脚本

3. 短视频的拍摄与剪辑

要拍摄短视频，首先要选择合适的拍摄器材。目前常用的拍摄器材主要包括手机、相机和无人机3种。其中，手机是当前使用较多的拍摄器材，具有拍摄方便、操作智能、编辑便捷等优势；相机则更适合资金较充足的专业短视频团队；无人机通常用来拍摄自然、人文风景，通过大全景展现壮观的景象。

完成短视频的拍摄后，需要剪辑短视频，以对短视频进行优化。剪辑是指将拍摄的视频素材剪去多余的部分，并对声音、字幕和特效等进行处理，制作成完整的短视频。剪辑短视频可以使用专门的剪辑工具，如剪映、Premiere和爱剪辑等。

4. 短视频的推广

对短视频进行推广可以扩大短视频的传播范围，对于短视频营销而言非常重要。常用的短视频推广方法有以下两种。

（1）多平台传播。多平台传播是指在多个平台（如抖音、快手、微信视频号等）建立账号，同步发布短视频，以尽可能获得更多用户的关注。

（2）使用推广工具。短视频平台一般提供了付费推广工具，如抖音的"DOU+"、快手的"小火苗"等，商家在推广时可以使用推广工具来提升播放量。

二、直播营销

直播营销于 2015 年兴起，从 2016 年开始成为网络营销的主流方式之一。直播营销是以直播平台为载体，以视频、音频为手段，在现场随着营销事件的发生、发展，同时制作和播出的视频营销模式。如今，淘宝、京东等大型电子商务平台都提供了直播入口，一些直播平台（如抖音、快手）也接入了电商功能，可进行直播营销。通常来说，高质量的直播营销通常要做好以下 3 个方面的工作。

1. 直播筹备

直播筹备涉及很多方面，只有做好筹备工作，才能保证直播顺利进行，从而使直播取得较好的营销效果。

（1）打造主播人设。主播的人设越鲜明、立体，越容易让用户记住，越能为直播营销打好基础。对于企业自播而言，主播人设可以是品牌创始人、企业主或者店主等。对于达人直播而言，其人设主要有两个定位方向：一是专业型主播，即基于自己的特长、专业领域等打造的人设，如美妆教程达人、服饰穿搭达人等，这需要主播在某一领域有一定的知识储备；二是人格魅力型主播，主要是通过建立独特的个人形象打造的人设，如农村豪爽大哥、幽默搞笑小妹等，通常需要具备一定的个人魅力和亲和力。

（2）直播选品。直播选品对于直播营销而言十分关键，直播间的商品不能根据某人的个人喜好选择，而要借助一些选品工具来辅助选品，如快选品、蝉妈妈、飞瓜数据等。

（3）筹备直播设备。常用的直播设备包括计算机（主要用于计算机端直播、直播后台管理等）、手机（用于直播）、支架（用于固定手机、话筒等设备）、话筒、补光灯（用于为直播提供辅助光线）等，可以根据直播预算以及实际的需求进行选择。

（4）筹备直播场地。直播场地一般分为室内直播场地和室外直播场地。室内直播场地包括办公室、室内发布厅、直播室等，可以简单装饰，以纯色、浅色背景为佳。室外直播场地包括广场、公园、果园等，应根据直播主题来选择具体场地，但不建议在嘈杂的场地直播。

知识链接

直播脚本

（5）撰写直播脚本。直播脚本主要用于提前规划直播内容和活动，梳理直播流程，把控直播节奏，使直播活动按照直播团队的预想有序进行。直播脚本包括整场直播脚本和单品直播脚本两种。

2. 开展直播

在正式直播的过程中，主播一方面要讲解商品，另一方面要与用户互动。

（1）讲解商品。讲解商品是直播营销过程中的主要内容。主播在讲解商品时可以增加商品试用／试吃环节，为用户营造真实的体验感。在试用／试吃商品的过程中，主播可以围绕商品的外观设计、使用方法、口感以及使用效果等展开介绍。此外，主播在介绍时不能生硬地照着脚本念，应尽量用生动形象的语言来描述商品的试用／试吃体验，使用户产生兴趣。例如，某主播在试用热水袋时这样介绍："把手放在热水袋上，感觉瞬间温暖了，就好像太阳一直在给你温暖，冬天外面再冷也不怕。"

（2）开展互动。直播时与用户互动十分重要，主播应当努力营造"热闹"的直播氛围，以感染用户、调动用户的热情。具体而言，可以采用提问、抽奖、开展互动小游戏等方式。

3．直播宣传

直播宣传有助于提升直播间的人气，进而提升直播营销效果。直播宣传包括直播前预热、直播中分享、直播后二次传播 3 个部分。

（1）直播前预热。直播前预热可以提前增强直播的影响力，较直接、简单的方法是在直播平台中发布直播预告，或是在微博、微信、小红书等第三方平台上发布直播预告，引导这些平台的用户准时观看直播。

（2）直播中分享。为了持续引流，直播过程中也需要进行宣传。主播可以在多个平台分享直播间，也可以通过抽奖等方式引导粉丝分享直播间。

（3）直播后二次传播。直播结束后，主播可以将直播中的精彩片段（如对某商品的详细介绍、主播的才艺展示等）剪辑成短视频发布到短视频平台，以吸引新用户关注直播。

素养提升

近年来，我国颁布了一系列与网络直播相关的法律法规，如《网络直播营销管理办法（试行）》。其规定，直播间运营者、直播营销人员从事网络直播营销活动，不得发布虚假或者引人误解的信息，欺骗、误导用户；营销假冒伪劣、侵犯知识产权或不符合保障人身、财产安全要求的商品；虚构或者篡改交易、关注度、浏览量、点赞量等数据流量造假。企业在开展直播营销时一定要遵守相关法律法规。

三、微博营销

微博是基于社交关系的一种分享和传播信息的网络媒介和平台，以文字、图片和视频等为内容，实现即时发布和共享。微博具有及时性、交互性、海量性、碎片化和广播性等传播特点。微博营销已经受到越来越多企业与机构的重视。

1．发布微博营销内容

微博是一个公共社交平台，其用户众多，信息传播迅速且广泛，很多商家都把微博当作主要的营销平台。微博营销的关键是发布营销内容，一般可从品牌推广类微博、内容分享类微博和商品销售类微博 3 个方面入手。

（1）品牌推广类微博。品牌推广类微博一般结合话题发布。微博中的话题具有非常庞大的阅读量与讨论量，很适合用来营销。在微博首页搜索框中输入关键词，按【Enter】键，在搜索结果页面左侧列表选择"话题"选项，就可以在打开的页面中选择与该关键词相关的话题。选择好话题后，可以结合品牌营销信息，写一段与话题相关性较强的内容并带上该话题，吸引关注该话题的用户，增加用户对话题的讨论与互动，促进营销信息的传播。

图 4-11 所示为某咖啡品牌发布的微博，该微博将热门话题"冬至"巧妙地与品牌的商

品结合起来。如果没有合适的热门话题，可围绕主推关键词、商品或品牌来创建话题，如"冬天的第一杯车厘子奶茶"就是直接以新品创建的话题，如图 4-12 所示。

图 4-11 利用热门话题的微博

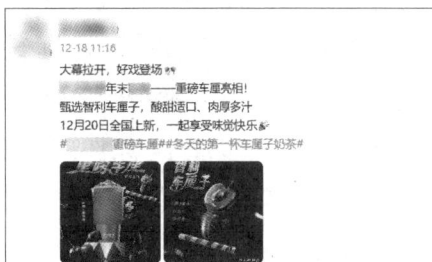

图 4-12 自行创建话题

（2）内容分享类微博。内容分享类微博分享的可以是生活、工作、健康、理财等方面的小知识，这类微博的实用性较强，很容易被用户转发和收藏。在发布这类微博时，要尽量分享与商品有关联的知识、技巧，并且用语要通俗明了，必要时可以通过图片、短视频等直观地展示内容。图 4-13 所示为某食用油品牌发布的关于拌面做法的微博。

（3）商品销售类微博。商品销售类微博是有关商品信息的微博，如发布新品上架、商品促销等信息，其作用是增加商品的曝光度，从而促进商品的销售，图 4-14 所示的微博就是直接介绍新品的卖点及优惠信息。

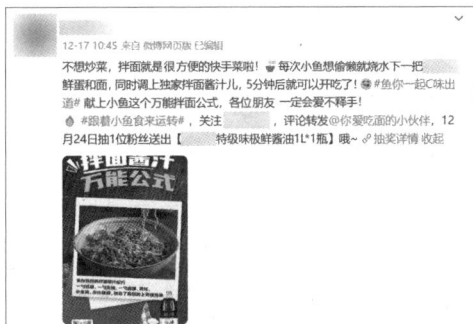

图 4-13 内容分享类微博

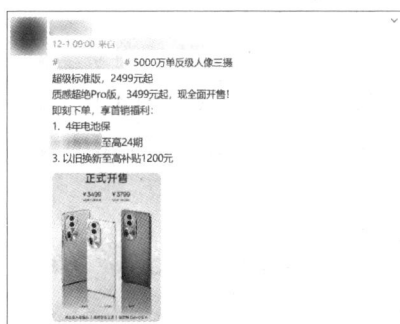

图 4-14 商品销售类微博

2. 维护微博粉丝

微博营销是以粉丝为基础开展的营销。对于营销者而言，微博上的每个活跃粉丝都可能是其潜在营销对象。要想使微博营销取得良好的效果，一方面要拥有更多的粉丝，另一方面要与粉丝互动，增强粉丝黏性。

（1）增加粉丝数量。粉丝数量决定了微博账号的影响力，粉丝数量越多，所发布的信息就越能被更多人看到，从而引导更多人互动，因此要积极增加粉丝数量。除了通过运营微博账号，持续发布优质的微博内容来吸引粉丝外，还可采用以下两种方法积累粉丝。

① 通过活动增加粉丝数量。通过活动增加粉丝数量是一种常见的积累粉丝的方式，特别是一些新鲜、有趣、有奖励的活动，非常容易吸引粉丝用户的关注和广泛传播，可以通

过转发抽奖（见图4-15）、参与话题讨论等活动形式，引导粉丝转发微博，吸引非粉丝用户的关注。

② 与其他品牌合作推广增加粉丝数量。当自己微博的影响力有限时，可以与其他品牌进行合作推广，联合双方或多方的影响力，扩大宣传范围。一般来说，应该尽可能选择与自身有关联的品牌。图4-16所示的奶茶品牌就与饿了么开展合作推广（二者的关联是可以上饿了么购买该品牌奶茶并享受活动优惠），借助饿了么的影响力为自己增加粉丝数量。

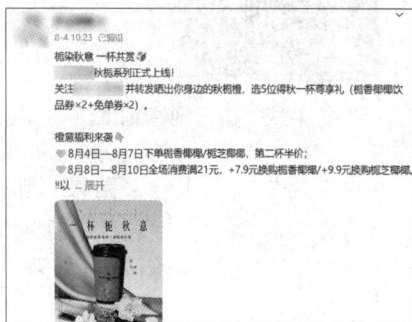

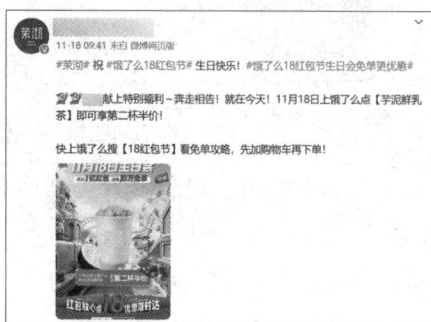

图4-15　转发抽奖　　　　　　　图4-16　与其他品牌合作推广

（2）与粉丝互动。品牌在微博上经常与粉丝互动，能拉近与粉丝之间的距离，让粉丝对品牌产生好感，增强粉丝的黏性。与粉丝互动的方法有很多，下面介绍3种常见的与粉丝互动的方法。

① 在微博中直接提问，吸引粉丝参与讨论与回复，如图4-17所示，并积极参与其中。

② 发起讨论、投票（见图4-18）和有奖竞猜等互动活动，从不同的角度进行分析，这样在活跃气氛的同时，还能完善微博内容，了解粉丝的想法与行为。

图4-17　直接提问　　　　　　　图4-18　发起投票

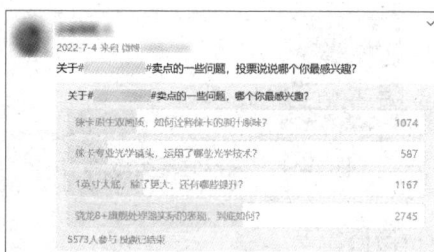

③ 多关注留言、评论，特别是粉丝的反馈与意见，及时做出合适的回应，以保证粉丝的忠诚度。

四、微信营销

腾讯公布的财务报告显示，截至2023年6月30日，微信及WeChat的合并月活跃账户数为13.27亿。如此庞大的用户群体可以为企业提供大量的商机，因此大多数企业都会选择在微信上开展营销。微信营销主要有两种类型，即微信个人号营销和微信公众号营销。

1. 微信个人号营销

微信个人号营销是基于个人微信号所进行的营销，主要表现为通过个人微信号发布有价值的内容吸引用户关注，建立自己的品牌形象，与用户互动并建立信任关系。总的来说，微信个人号营销的营销方式主要有好友互动和发布朋友圈动态营销两种。

（1）好友互动。好友互动是微信个人号营销的一种常用方式，通过互动可以拉近与用户之间的关系，增强用户对品牌的好感。好友互动主要有私聊互动、朋友圈互动两种。

① 私聊互动。定期与用户在微信私聊中进行互动可以建立起一种亲切的关系，让用户感受到品牌的关心。这种互动可以很简单，如问候早安、晚安，或者关心用户的生活，也可以是回答用户的问题、为用户提供帮助或解决用户遇到的困难。

② 朋友圈互动。朋友圈互动是指为用户发布的朋友圈点赞、留言等，加深在用户心中的印象。

（2）发布朋友圈动态营销。在朋友圈发布有趣、吸引人的动态，并植入商品或品牌，同样可以达到营销的目的。朋友圈相对比较私人化、生活化，很多用户不喜欢在朋友圈看到太多广告，因此在发布朋友圈动态进行营销时需要掌握一定的技巧。

① 适度发布商品信息。在朋友圈中不要经常发布商品信息，一般发布频率为一天一到两次或两天一次，并且内容最好是商品的上新信息、商品详情信息、促销活动、发货情况等。

② 在生活分享内容中植入广告。在朋友圈直接发布广告可能会造成用户的反感，因此可以在生活分享的内容中植入广告，只要写出自己生活中的趣事或心情感悟，将营销信息自然地融入其中，让用户在真实的生活场景中感受和了解到营销信息即可。图 4-19 所示的朋友圈信息就融入了花茶的营销信息。

③ 展示消费评价。用户购买商品后常常会对商品的质量、包装、使用便利度等进行评价，商家可以将这些评价整理出来，以文字或图片的形式发布在朋友圈中，吸引更多的潜在用户了解商品和品牌。图 4-20 所示为某商家发布在朋友圈中的用户消费评价，这种以微信对话形式展示的用户消费评价显得更真实可信，更容易获得用户的认可和信任。

图 4-19　在生活分享的内容中植入广告　图 4-20　展示消费评价

2. 微信公众号营销

除了微信个人号，企业还可以通过微信公众号开展营销。微信公众号营销是一种利用微信公众号进行品牌推广、内容传播与用户互动的网络营销策略。通过创建、运营和推广微信公众号，品牌或企业可以向用户提供丰富多样的内容，与用户建立互动关系，提高品牌知名度和增强品牌影响力。要想做好微信公众号营销，需要注意以下要点。

（1）做好用户定位。在信息爆炸时代，网络中每天传播的信息非常多，要想获得更好的推广效果，必须对目标用户进行精准定位，通过定位策划微信公众号的运营内容，设计用户群体喜欢的风格、特色和服务，以此建立起清晰的微信公众号形象，这样有利于培养忠实用户，实现营销目的。例如，某职场交流平台将微信公众号的目标用户确定为 22～45 岁、对职业发展有追求的职场人士，后续微信公众号发布的内容就可以针对这个群体的需求来规划，如提供职业发展建议、面试技巧、职场心得、专业技能培训课程等。

（2）提供有价值的内容。在微信公众号营销中，只有提供了有价值的内容，才能让用户产生阅读兴趣，进而接受相关的营销信息。具体来说，有价值的内容包括专业知识和见解（见图 4-21）、针对用户问题的解决方案、实用的技巧和工具、能引发共鸣的故事等。

（3）掌握文章发布的时机。为了保证公众号文章的推广效果，可以分析目标用户在朋友圈的活跃时间，在目标用户查看朋友圈的高峰期进行推广。据统计，一般最佳发布时间是 8:00—9:30、11:30—13:00、17:00—18:00、20:00—24:00 这 4 个时间段。当然，针对不同的用户群，应对发布时间进行调整。例如，7:00—9:00、21:00—23:00 是上班族使用手机最频繁的两个时间段，而学生在周末休息时使用手机更为频繁，所以针对上班族和学生，文章发布时间应有所不同。

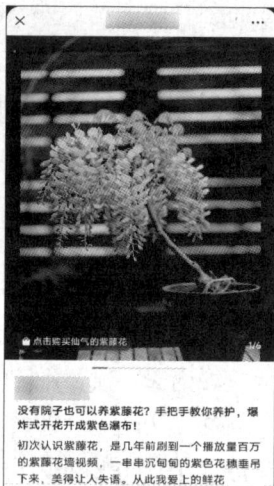

图 4-21　专业知识和见解

任务四　其他网络营销方法

除新媒体营销外，电子商务行业中常用的网络营销方法还有搜索引擎营销、社群营销以及大数据营销。这些营销方法在扩大品牌影响力、提升市场占有率方面也能起到积极的作用。

一、搜索引擎营销

搜索引擎营销（Search Engine Marketing，SEM）是以搜索引擎平台为基础的网络营销，其目的是通过搜索引擎平台向目标用户传递营销信息。SEM 的工作原理是基于用户搜索行为，通过关键词优化、搜索引擎广告等方式，使企业网站或特定网页在搜索结果页中获得较高的排名和较靠前的位置，从而增加流量和提高曝光度。SEM 的主要方法包括投放搜索引擎广告、搜索引擎优化。

1. 投放搜索引擎广告

搜索引擎广告，顾名思义，是在搜索引擎平台（如百度、360 搜索等）投放，通常由企业通过竞价排名的方式购买关键词，并根据出价和相关性来确定展示位置的广告。搜索引擎广告的投放流程一般包括以下步骤。

（1）确定广告目标。企业需要明确自己的广告目标，如提高品牌知名度、促进销售等。

不同的广告目标可能需要不同的投放策略：如果广告目标是提高品牌知名度，可能需要将广告投放给更广泛的人群；如果广告目标是促进销售，那么广告内容要注重突出商品的特点和优势，以及促销信息，以吸引潜在用户购买。

（2）选择关键词。企业可以购买与自己商品或服务相关的关键词，这些关键词应该是用户经常搜索的词汇。

（3）创建广告内容。企业需根据关键词创建广告内容，包括标题、描述和链接等。

（4）投放广告。将广告内容投放至搜索引擎的广告平台，并设置投放条件和预算等。

（5）监测与优化。通过监测广告数据和效果，企业可以不断优化广告内容和投放策略，提高广告效果和转化率。

2. 搜索引擎优化

搜索引擎优化（Search Engine Optimization，SEO）是指通过提高网站的质量，使网站各项基本要素符合搜索引擎的检索原则，更容易被搜索引擎收录及优先排序。

（1）关键词优化。合适的关键词会使网站更容易被搜索引擎收录，从而获得更好的排名。企业应了解并分析用户常用的与网站相关的关键词，并在网页的各个位置（包括板块标题、商品标题、商品描述等）合理地布置这些关键词。

（2）技术优化。技术优化是指优化网站的加载速度、在移动设备上的性能、网站地图等技术细节，提升搜索引擎抓取效果。

（3）内容优化。内容优化是指提供高质量、原创的内容，并确保内容的结构和格式清晰易懂。

（4）网站结构优化。网站结构优化是指设计易于导航的网站结构，使搜索引擎能轻松索引和理解网站内容。

（5）外部链接建设。外部链接建设是指通过获取高质量的外部链接来提升网站的权威性和可信度。

二、社群营销

社群是指拥有同一种需求和爱好的用户，聚集在一起形成的社交群体。社群营销是通过参与和建立在线社群来推广商品、服务或品牌的营销策略。在社群营销中，企业通过在微信、QQ、论坛等平台创建社群，与目标用户建立紧密的关系，并通过社交互动实现商品销售和推广目标。

1. 社群营销的基本策略

将一群有共同兴趣、认知、价值观的成员聚集起来并不难，但要让社群成功运营、持续发展，则需要一定的策略。

（1）清晰的社群定位。在建立社群之前，必须先做好社群定位，明确社群要吸引哪一类的人群，如罗辑思维社群吸引的是爱读书的人群。只有当社群有了精准定位后，才能推出契合成员兴趣的活动和内容，使社群成员产生共鸣。

（2）持续输出价值。通过不断提供有用、有趣、符合用户兴趣的内容，企业能够吸引社群成员的关注，让社群成员感受到社群的价值，进而提升社群成员参与社群活动的积极性，有助于实现社群营销的目标。

（3）保持社群活跃度。社群活跃度是衡量社群价值的重要指标，通常活跃的社群更能够激发社群成员的参与热情，提高社群成员的使用频率，延长社群成员的停留时间，增强社群成员对社群以及品牌的黏性。要想保持社群活跃度，企业可以制定清晰的社群规则，维持好社群秩序；定期举办线上和线下活动，提升社群成员的参与感；设立积分、等级、勋章等奖励机制，激励社群成员积极参与社群活动。

2. 社群营销技巧

社群营销不等于企业建立一个社群，然后每天在社群中发布广告，这样的社群往往活跃度很低，退群成员也会很多。其实，社群营销需要一定的技巧，一方面要维持社群的活跃度和和谐度，另一方面要用社群成员能够接受的方式传递营销信息。

（1）定期开展话题讨论。开展话题讨论可以充分调动社群成员的积极性，让社群成员感受到社群的凝聚力，有助于在社群成员心目中形成良好印象。最好选择与品牌有关、能引起社群成员共同兴趣的话题，如零食品牌社群可以选择"低热量零食推荐""看剧吃什么零食"等作为讨论话题。在话题讨论过程中可以适时地植入商品的广告。例如，将品牌商品作为积极参与讨论的社群成员的奖品，在发放奖品时适当介绍品牌相关信息。

（2）提供群专属福利。提供群专属福利是提升社群成员黏性的有效方式。福利可以是品牌优惠券、先行购买权益等，以激发社群成员的购物热情；也可以是积分（后续可以兑换成优惠券、奖品），以促使社群成员长期关注社群。

（3）举办线上分享活动。当社群形成一定规模时，可以邀请一些专业人士在社群内进行与社群主题相关的分享，并植入相关的营销信息。例如，通过冠名等方式开设运动健身类网络直播课程，在分享有用的健身知识的同时植入运动产品或品牌方面的营销信息。

（4）举办线下活动。相对于线上活动，线下活动的效果更直观，容易让社群成员之间形成牢固的人际关系，有助于提升社群成员对社群的认同。在组织社群线下活动前，企业必须要有一个清晰、完整的活动策划，包括活动形式、内容、宣传推广等，以便更好地把控活动全局。至于营销信息，可通过冠名、游戏（如在猜谜游戏中将品牌名称作为谜底）等方式植入。

三、大数据营销

大数据营销是一种基于多平台的大量数据，依托大数据技术，应用于互联网广告行业的营销方式。其核心在于让网络广告在合适的时间，通过合适的载体，以合适的方式，投递给合适的人。这种营销方式能够使广告更加精准有效，从而提升广告的营销效果。总的来说，大数据营销主要应用于以下4个方面。

1. 商品关联

商品关联即在商品详情页中放上其他同类、同品牌、可搭配等有关联的商品，从而让用户多看、多点击，以便提高成交概率。商品关联基于大数据，综合了众多用户的行为、习惯、偏好，有效建立了不同数据之间的关联。

2. 基于地理位置信息进行精准推荐

基于地理位置信息进行的精准推荐也是大数据营销的典型应用。一般来说，用户一旦打开软件并登录，软件就会自动定位，并将用户的地理位置信息上传到数据库中，检索出附近的服务。同时，软件读取用户手机的机器识别码，与信息仓库中的数据进行匹配，寻找到有关的数据，运用大数据技术分析这些数据，就能够得到该用户的行为偏好，将该用户的行为偏好与附近的服务信息进行比对，筛选出适合该用户的服务，然后进行精准推荐。

3. 个性化推荐

在大数据营销下，营销者通过分析大数据，根据用户的历史记录了解用户的喜好，从而主动为用户推荐其感兴趣的信息，满足用户的个性化需求。例如，用户在淘宝上定期购买猫粮，淘宝就会分析用户可能养猫，并主动为用户推荐合适的猫粮或宠物用品。

4. 精准广告投放

广告是营销者向目标用户传达信息的重要载体，在大数据营销下，营销者可以采取更为科学、精准的广告投放策略，即利用大数据的采集与分析功能，通过精确定位目标用户，将广告定向投放给目标用户。这在网络广告方面效果尤为明显。借助大数据工具，营销者可以有针对性地投放广告。同时，谁看了广告，看了多少次广告，通过什么渠道看的广告，又或者对广告内容的反应、反馈等信息都能被营销者了解、监测和追踪，从而更好地评测广告效果，调整广告投放策略。

> **素养提升**
>
> 基于地理位置信息进行营销的过程中，应该遵循合法、正当、必要的原则，尊重和保护用户隐私权，做到事前告知并取得用户同意，事后妥善保管和处理用户数据。否则，可能构成对用户隐私权的侵犯，受到法律的惩罚。

任务实施

实训一 开展农产品短视频营销

【任务背景】

小英的家乡盛产丑橘，正值丰收季节，小英想在抖音上为自家的丑橘开展短视频营销，主要包括策划短视频，使用剪映拍摄并剪辑短视频，在抖音上发布并推广短视频。

【任务目标】

（1）熟悉短视频营销的过程及方法。

（2）能够在抖音上开展短视频营销，包括策划、拍摄并剪辑、发布并推广短视频。

【操作步骤】

开展农产品短视频营销，可以按照以下步骤进行。

1. 策划短视频内容

策划短视频内容时需要明确短视频选题和内容展现形式，以及确定营销信息的植入方式，然后在此基础上撰写短视频脚本，具体步骤如下。

（1）明确短视频的选题和内容展现形式。在抖音上搜索"农产品"，发现相关热门短视频选题主要有农产品介绍、农产品选购技巧分享、农产品采摘过程、农产品食用方法介绍等。为了让用户直观地感受到所营销的丑橘的品质，可以将选题确定为农产品介绍，内容主要是介绍丑橘的卖点，内容的展现形式可以是展示分享。

（2）确定营销信息的植入方式。由于本视频是直接介绍商品卖点的，也没有什么剧情可言，因此适合直接采用口播的形式植入营销信息。

（3）撰写短视频脚本。撰写短视频脚本需要分别确定短视频各个镜头的景别、拍摄方式（运镜）、画面内容、台词、音效、时长等项目。由于本视频只需要直观地展示丑橘的外观和果肉，不必设计复杂的场景和画面，因此不需要太多镜头，台词也不需要太复杂，用生动的语言说清楚丑橘的卖点即可。写好的短视频脚本如表 4-1 所示。

表 4-1　短视频脚本

镜号	景别	拍摄方式（运镜）	画面内容	台词	音效	时长
1	全景	固定镜头，正面拍摄	左手握住枝头丑橘的中部，向左、向右轻微旋转，然后向上旋转，将丑橘的底部展示出来	又到了丑橘成熟的时节啦！看看我家的丑橘个头多大	欢快的纯音乐	8 秒
2	全景	固定镜头，正面拍摄	左手握住枝头丑橘的底部，右手用水果刀横向切下，切开后左手用力捏丑橘，并挤出汁水	切开来看看果肉，细腻多汁，看着都想流口水		9 秒
3	特写	移镜头（水平向右移动）俯拍	一堆丑橘摆得整整齐齐	我们的丑橘都是现摘现发，保证新鲜		3 秒
4	特写	移镜头（水平向右移动），正面拍摄	桌上的容器里摆着几个丑橘，模特轻轻端起容器	赶紧点击头像，进入我的主页购买吧		6 秒

2. 拍摄并剪辑短视频

写好短视频脚本后，就可以以此为依据，使用剪映拍摄短视频，拍好后直接在剪映进行剪辑，具体操作步骤如下。

微课视频

拍摄并剪辑短视频

（1）打开剪映，使用抖音账号登录，点击"拍摄"按钮。打开拍摄界面，点击右上角的"设置"按钮，在打开的列表中可以设置拍摄参数，这里默认像素为"1080P"，宽高比为"9：16"。点击底部的"拍摄"按钮开始拍摄。完成一个场景的拍摄后点击"暂停"按钮。在拍摄特写镜头时可以点击"1×"按钮，调整为 2 倍焦距进行拍摄。

（2）完成各个场景的拍摄后，在拍摄界面点击左侧的图标，在打开的界面中点击刚拍摄好的视频（配套资源：素材\项目四\丑橘 1.mp4、配套资源：素材\项目四\丑橘 2.mp4、配套资源：素材\项目四\丑橘 3.mp4、配套资源：素材\项目四\丑橘 4.mp4），然后点击"导入剪辑"按钮。

（3）打开剪辑界面，移动视频轨道，使时间线位于第 6 秒处，点击"剪辑"按钮，在打开的列表中点击"分割"按钮，如图 4-22 所示。点击被分割后的第 2 段视频素材，点击"删除"按钮。

（4）点击第 3 段视频，移动视频轨道，使时间线位于第 16 秒处，使用相同的方法进行分割，并删除第 3 段视频中被分割出来的前半部分。

（5）移动视频轨道，使时间线位于起始处，点击"文字"按钮，在打开的列表中点击"新建文本"按钮，如图 4-23 所示。

（6）在打开列表的文本框中输入"又到了丑橘成熟的时节啦！"，换行输入"看看我家的丑橘个头多大"。

（7）移动视频画面中的文本框，使其位于底部位置，然后点击"样式"选项卡，向右拖曳字号栏中的滑块，将字号设置为"12"，然后点击"√"按钮，如图 4-24 所示。向右拖曳字幕素材右侧的按钮，将字幕素材持续时长调整为 4 秒。

图 4-22　点击"分割"按钮　图 4-23　点击"新建文本"按钮　图 4-24　设置文本样式

（8）返回剪辑界面，在第 7 秒处添加字幕"切开来看看果肉，细腻多汁，看着都想流口水"，并将视频画面中的文本框移动到靠近底部的位置，调整字号为"11"，然后点击"√"按钮。向右拖曳字幕素材至最右端，使字幕素材持续到第 14 秒。

（9）使用相同的方法在第 3 段、第 4 段视频开始处添加字幕"我们的丑橘都是现摘现发，保证新鲜""赶紧点击头像，进入我的主页购买吧"，使其持续到第 3 段、第 4 段视频结束。

（10）点击第 1、2 段视频之间的连接按钮，在打开的"转场"面板中选择"叠化"选项，点击"√"按钮，如图 4-25 所示。按照相同的方法在第 2 段与第 3 段、第 3 段与第 4 段视频之间添加转场效果。

（11）移动视频轨道，使时间线位于开始处，点击"关闭原声"按钮，然后点击"音频"按钮，在打开的列表中点击"音乐"按钮，打开"添加音乐"界面，选择"纯音乐"选项。

（12）点击音乐试听，选定后点击"使用"按钮，如图 4-26 所示。返回剪辑界面，点击音乐素材，向左拖曳音频素材使音频素材持续时长与视频时长相等。

（13）点击音乐素材，点击"淡化"按钮，如图4-27所示，将淡出时长设置为2秒，点击"√"按钮。

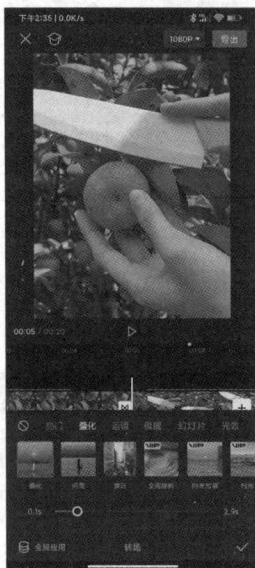

图4-25　添加转场效果　　图4-26　点击"使用"按钮　　图4-27　设置淡出效果

3．发布并推广短视频

剪辑完成后需要导出短视频并发布到抖音中。为了增加短视频的热度，还可以投放DOU+，以获取更多的点赞、评论量。

（1）点击"导出"按钮，导出完成后（配套资源：效果\项目四\丑橘短视频.mp4）选择"抖音"选项，在打开的界面中查看视频效果，然后点击"下一步"按钮。

（2）打开发布界面，在其中输入描述语"个大皮薄的丑橘，香甜多汁，快来买啊"，并点击下方的"# 优质农产品""# 新鲜应季水果"话题，然后点击"发布"按钮。

（3）打开抖音，点击底部的"我"按钮，在打开的界面中点击刚发布的短视频，在打开的短视频播放界面中点击"..."按钮，在打开的面板中选择"上热门"选项。

（4）在打开的"DOU+上热门"界面的"我想要"栏中设置想要提升的项目，这里选择"点赞评论量"选项，然后点击想要的投放套餐，最后点击"拼手气支付"按钮完成支付。

【总结考核】

总结本次实训的操作过程并回答下面的问题。

（1）本次实训使用的短视频推广方式是＿＿＿＿＿＿＿＿＿＿＿＿＿＿＿＿＿＿＿＿＿。

（2）本次实训对短视频进行的剪辑操作有＿＿＿＿＿＿＿＿＿＿＿＿＿＿＿＿＿＿＿＿。

实训二　开展零食专场直播营销

【任务背景】

刘大嘴是一个零食品牌，旗下商品包括辣条、牛板筋、薯片、豆腐干、凤爪、卤蛋、山楂条、鱼豆腐、沙琪玛、花生酥、瓜子、牛肉干、牛轧糖、干脆面、核桃仁、奶枣、小麻花、紫薯面包等。该品牌打算与美食达人小文合作，由小文开展直播，为品牌"带货"。该品牌打算于 2024 年 3 月 1 日 19:00—21:00 在抖音上开展直播营销，邀请美食达人小文共"带货"10 款商品。该场直播的主播为小文本人，场控为宋琪。为吸引用户，该品牌计划在直播过程中开展抽奖活动。现需要为该场直播选品、确定直播设备、布置直播场地、撰写直播脚本并进行直播预热，开通直播，上架商品。

【任务目标】

（1）加深对直播营销的认识。

（2）掌握开展直播营销的流程。

【操作步骤】

为零食品牌进行直播营销，需要做好一系列筹备工作，具体操作步骤如下。

（1）直播选品。刘大嘴旗下有将近 20 款商品，需要从中选出 10 款适合直播的热门商品。这里可以通过蝉妈妈查看刘大嘴旗下商品在抖音中的销售热度。打开并登录蝉妈妈官方网站，将鼠标指针移到页面上方的"商品"选项卡上，在打开的列表中选择"商品库"选项。在打开的页面中依次搜索各款商品，这里先搜索"辣条"，在打开的页面中即可查看辣条近 30 天的销量超过了 100 万，如图 4-28所示。按照相同的方法，得出其他商品的热度，最终选出 10 款热门商品：辣条、薯片、凤爪、卤蛋、沙琪玛、瓜子、牛肉干、核桃仁、奶枣、小麻花。

图 4-28 查看辣条热度

（2）确定直播设备。本场直播的商品体积均不算太大，主播的演示也比较简单，所以采用手机直播即可，另外还需配备支架、话筒、环形灯、计算机（用于后台管理）。

（3）布置直播场地。零食直播适合在室内进行，本场直播可以选在面积为 10 平方米左右的安静的办公室进行，以浅灰色幕布或窗帘作为直播背景，也可以摆放商品作为背景。然后将直播商品整齐地摆放在主播面前的桌子上。此外，桌子上还可以摆放一些宣传物料，如写有直播优惠信息的黑板等。而环形灯应该摆放在主播正前方 1 米左右且比主播高 15 厘米左右的位置。

（4）撰写直播脚本。撰写直播脚本思路如下：首先将直播划分为 3 个部分，即直播开场与用户打招呼、直播过程中介绍商品、直播结尾感谢用户；然后分配直播时间，直播开场 10 分钟、直播过程中每款商品讲解 10 分钟、两个抽奖活动总共 6 分钟、直播结尾 4 分钟；设计抽奖活动，可以要求用户发布规定的口令（如"恭喜小文开播""直播大卖"）弹幕，抽奖时采用截屏的方式来抽取中奖者，截屏上排名前 5 的用户可获得奖品，如 3 包虾条等。根据上述思路形成直播脚本，如表 4-2 所示。

表 4-2 直播脚本

直播活动概述				
直播主题	刘大嘴品牌零食专场			
直播人员	主播：小文，场控：宋琪			
直播时间	2024 年 3 月 1 日 19:00—21:00			
直播活动流程				
时间段	流程		主播	场控
19:00—19:10	直播开场	打招呼	进入直播状态，和用户打招呼，介绍品牌以及直播间的产品	引导用户关注直播间
19:10—19:40	直播过程	介绍第 1 ~ 3 款商品	展示商品的外表、卖点、使用方法、福利等	上架商品、播放欢呼音效、回复弹幕问题
19:40—19:43		抽奖	让用户以弹幕的形式发布"恭喜小文开播"，并截屏抽奖，告知抽奖结果和奖品	协助主播抽奖
19:43—20:13		介绍第 4 ~ 6 款商品	展示商品的外表、卖点、使用方法、福利等	上架商品、播放欢呼音效、回复弹幕问题
20:13—20:16		抽奖	让用户以弹幕的形式发布"直播大卖"，并截屏抽奖，告知抽奖结果和奖品	协助主播抽奖
20:16—20:56		介绍第 7 ~ 10 款商品	展示商品的外表、卖点、使用方法、福利等	上架商品、播放欢呼音效、回复弹幕问题
20:56—21:00	直播结尾	感谢用户	告别用户，感谢用户的支持	播放背景音乐

（5）直播预热。在抖音主界面下方点击"+"按钮，在打开的界面下方选择"开直播"选项。打开"开直播"界面，在界面中设置直播封面和标题，然后点击"设置"按钮。打开"设置"面板，选择"直播预告"栏中的"未设置"选项，如图 4-29 所示。打开"直播预告"界面，在"启用直播预告"栏右侧点击"开启"按钮，设置直播的开播时间，输入预告内容，然后点击"保存"按钮，如图 4-30 所示。

（6）开通直播。进入抖音主界面，点击下方的"+"按钮，在打开的界面下方选择"开直播"选项，在打开的界面中点击"开始视频直播"按钮。打开"实名认证"界面，输入主播的真实姓名和身份证号，点击选中下方的单选项同意协议，点击"开始直播"按钮开通抖音直播。

（7）上架商品。进入直播界面，在直播间下方点击"购物车"按钮，在打开的"直播商品"界面中点击"添加直播商品"按钮。打开"添加商品"界面，在所需添加的商品选项处点击"添加"按钮上架商品。

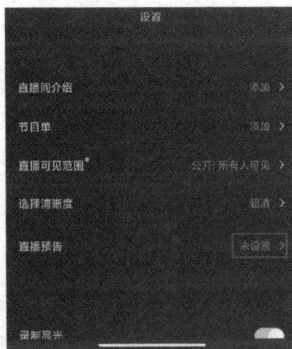

图 4-29 选择"未设置"选项

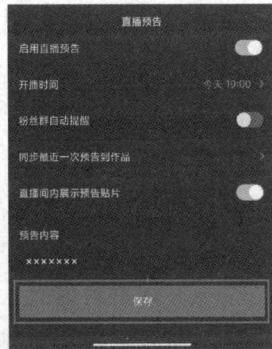

图 4-30 设置直播预告

【总结考核】

总结本次实训的操作过程并回答下面的问题。

（1）本次实训采用的直播宣传方法是_____。

（2）直播脚本的作用是_____

实训三 为日用品网店开展微博和微信营销

【任务背景】

露露开了一家日用品网店"露露家的日用品店",主要销售收纳用品、厨房用品、清洁用品等日用品。最近露露注册了营销专用的微博账号和微信个人号,刚好网店新推出了一款桌面收纳盒,露露打算利用这两个账号营销该收纳盒。收纳盒的信息为:作用是分类收纳,有大、中、小3种规格,采用加厚聚丙烯材质,结实耐用;两侧有提手设计,底部有防滑垫高设计;颜色有橘色、蓝色、黄色、白色等;活动优惠为买5个送1个,活动时间持续一周。

【任务目标】

(1)巩固微博营销和微信营销的相关知识。

(2)能够使用微博和微信个人号进行营销。

【操作步骤】

露露打算通过在微博和微信个人号发布有价值的内容并植入广告来让用户了解收纳盒,具体步骤如下。

(1)发布内容分享类微博。内容分享类微博主要以实用性知识来吸引用户关注。为了营销桌面收纳盒,可以介绍与桌面收纳相关的实用知识,如桌面收纳技巧等,然后自然植入商品的营销信息。写好的微博如图4-31所示。

(2)发布商品销售类微博。商品销售类微博可以直接介绍商品的各种信息,这里主要介绍桌面收纳盒的卖点以及促销信息。此外,还可设置"关注+转发"抽奖活动号召用户转发微博。写好的微博如图4-32所示。

图4-31 内容分享类微博　　　　图4-32 商品销售类微博

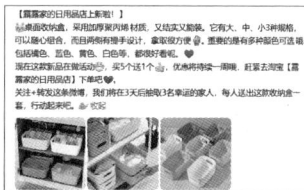

(3)发布分享生活趣事的朋友圈动态。朋友圈动态适合通过分享生活趣事的方式植入商品营销信息,这里考虑到桌面收纳盒与收纳、家务挂钩,因此可以分享与做家务、收纳有关的趣事,然后植入收纳盒营销信息。写好的朋友圈动态如图4-33所示。

(4)发布与好友互动的朋友圈文案。与好友互动也是微信个人号营销的一种方式,具体可以是话题讨论,选择一个大家都能参与的、不敏感的话题即可。这里可以选择话题"收纳对于自己的意义",然后设置一些互动奖品,激发用户的参与热情。写好的朋友圈文案如图4-34所示。

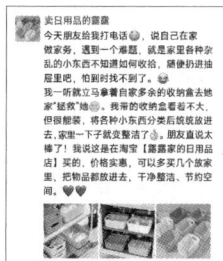

图4-33 分享生活趣事　　图4-34 与好友互动

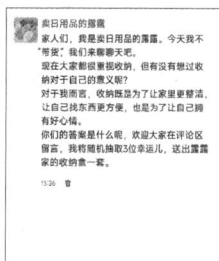

【总结考核】

总结本次实训的操作过程并回答下面的问题。

（1）从粉丝运营的角度来看，本次实训中设置"关注＋转发"抽奖活动的作用是＿＿＿＿＿
＿＿＿＿＿＿＿＿＿＿＿＿＿＿＿＿＿＿＿＿＿＿＿＿＿＿＿＿＿。

（2）本次实训通过在朋友圈分享生活趣事来植入广告的好处有＿＿＿＿＿＿＿＿＿＿＿＿＿
＿＿＿＿＿＿＿＿＿＿＿＿＿＿＿＿＿＿＿＿＿＿＿＿＿＿＿＿＿。

案例分析

案例一　白象的网络营销策略

案例解说

近年来，不少低调的国货品牌开始重新进入人们的视野，并借着可靠的品质和"平易近人"的价格获得了不少称赞，白象就是其中之一。白象创立于1997年，主要生产和销售方便面，其产品线涵盖了多种口味和系列。近年来，白象所进行的网络营销有许多可圈可点之处。

一、多元化的产品策略

受到外卖便捷化的冲击，人们对于方便面的需求逐渐萎缩。在这样的背景下，白象积极谋求转型，主动拓展产品线，从传统方便面扩展到大的方便速食品类（包括卤鸡蛋、荞麦面、酸辣粉、麻辣烫等），以满足新一代年轻用户对于方便速食的需求。

针对人们对于方便食品的多元化需求，白象在产品研发时主要聚焦于还原中国各地的地域风味和将线下餐饮类型复刻到线上两个方向，并缩短了从产品研发到上架的时间。仅2023年，白象就上市了10余款新品，包括"大辣娇"火鸡面系列和"走街串巷"系列。其中，"大辣娇"火鸡面针对不同地域特色，推出了经典甜辣、贵州酸辣、新疆烧烤、湘辣擂椒4种口味；"走街串巷"系列则聚焦蟹黄拌面、红酸汤鱼面、沙嗲海鲜面、胡椒猪肚鸡汤面等地域小众风味。

此外，白象对于未被满足的市场需求的洞察十分敏锐，及时推出了一些新颖的产品。以热销产品香菜面为例，白象通过抖音的流量数据大盘发现，抖音上与香菜相关的话题有着巨大的流量，这表明抖音用户对香菜的兴趣和关注度相当高。白象敏锐地察觉到市面上没有香菜口味的方便面，于是迅速抓住这一市场机会，与抖音平台合作，快速打造出香菜面。

二、差异化的价格策略

白象在方便面市场中实行产品价格差异化策略，推出不同系列的产品，覆盖不同的价位。其中，"汤好喝"系列、"大辣娇"火鸡面定位偏大众化，平均价格为每袋2元；而蟹黄拌面平均一盒超过8元，面向的是追求独特口味和愿意支付更高价格的小众用户。这种差异化的价格定位满足了不同消费群体的需求。

三、侧重于第三方平台的渠道策略

白象自身拥有完备的线下销售渠道，而就线上而言，白象没有打造自己的网上商城，主要依靠的是淘宝、抖音等第三方平台。当然，白象在不同线上渠道间也实行了差异化策略。

对于以货架陈列形式展示产品的电子商务平台（如淘宝），白象将其定位为承载销售功能的渠道，主打大众接受度较高的成熟品类，如受众较广、平价的"汤好喝"系列，以及已经积累了一定用户忠诚度的螺蛳粉、酸辣粉等。

而在抖音等平台上，白象希望不仅能打造热门单品，还能借助短视频、直播来直观地展示新品/小众产品的卖点（取材、原料、口味），进而提升用户对这些产品的接受度，拓宽用户群体。

四、贴近年轻用户的促销策略

作为一个老品牌，白象并不呆板守旧，而是积极采用短视频、直播等年轻用户普遍接受的方式开展营销，不仅促进了产品的销售，还树立了良好的品牌形象。

1. 投放短视频广告助力新品销售

为了推广新品香菜面，白象在线上与多位短视频达人合作，从不同角度打造创意内容，如"把香菜面拍成吃不起的样子"主题短片（见图 4-35）、"深夜香菜面真香吃播"短视频等，展现香菜面的特色——含 5 根大香菜，加深用户对香菜面的印象。在这些短视频的造势下，话题"谁家泡面送一大把香菜啊"登上抖音热搜，话题相关短视频播放量过亿（见图 4-36），并进一步引发大量用户关于香菜是否好吃的讨论。据统计，新品开售当天卖出了 20 万包香菜面，且有大量粉丝在线"蹲"香菜面。

2. 开展慢直播树立品牌形象

2022 年，人们开始关注方便面的食品安全问题。为了打消用户顾虑，白象决定在哔哩哔哩平台通过 13 个机位对工厂进行 24 小时不间断的慢直播（借助直播设备对实景进行超长时间的实时记录并原生态呈现的一种直播形态，一般没有主播），以展示白象工厂的生产过程、生产环境等（见图 4-37），让众多用户一起"云监工"。

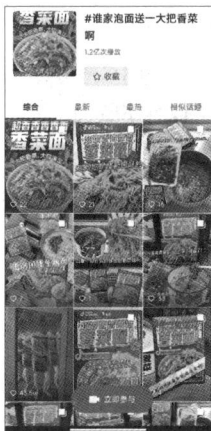

图 4-35 白象香菜面短视频　图 4-36 话题相关短视频播放量　图 4-37 慢直播

没想到哔哩哔哩的年轻用户对于展示方便面生产过程的慢直播非常感兴趣，还纷纷通过弹幕交流。最终，白象的慢直播持续了 3 个月，不仅获得了较多关注，还增强了用户对白象产品质量和食品安全的信任感，帮助白象树立了品质可靠、低调踏实的品牌形象，可以称得上是一场成功的网络公关。

五、案例思考

（1）白象采用了怎样的产品策略？

_____

_____

（2）白象的香菜面是如何开发并宣传的？

_____

_____

案例二　立白利用短视频和直播营销拓宽商品销路

立白科技集团（以下简称立白）成立于 1994 年，是一家专注于家庭清洁和个人护理等商品的企业。立白致力于研发和生产涵盖洗衣液、洗衣粉、洗洁精以及个人护理用品等多个品类的商品。作为一个已有 30 年历史的老品牌，立白积极利用新兴的短视频营销和直播营销来吸引年轻用户的关注，成功拓宽了商品销路。

一、全面的短视频营销

2019 年，立白入驻抖音，成为第一批开启短视频营销的日化家清企业。立白不仅创作并发布了优质的短视频来宣传旗下商品，还打造了差异化的短视频账号矩阵，与短视频达人合作推广，并积极发起短视频话题挑战赛以扩大品牌影响力。

1. 打造账号矩阵

立白及旗下子品牌均在抖音平台上注册了账号，通过差异化的内容定位，形成了账号矩阵。以立白旗下专为有孩子家庭研制的好爸爸品牌为例，该品牌在抖音注册了 3 个账号，包括 1 个内容号和 2 个"带货"号，内容号（见图 4-38）主要发布家庭剧场系列短视频，如《妈妈，你真好看》《郝爸爸当家》等，旨在让用户对品牌产生好感，并树立良好的品牌形象，而"带货"号则专门发布"带货"短视频，通过对商品卖点的介绍（见图 4-39）或对促销信息的强调来促使用户下单购买。

2. 与短视频达人合作

在推出新品、开展营销活动时，立白会与短视频达人合作，通过短视频达人的短视频来宣传与销售商品，提高商品的知名度。例如，在推出某款洗衣凝珠期间，立白总裁便与某短视频达人共同出演搞笑剧情，并在剧情中植入洗衣凝珠的营销信息，加深了用户对该款洗衣凝珠的印象。

3. 发起话题挑战赛

此外，立白还积极发起话题挑战赛来扩大品牌曝光度。例如，立白为了推广洗衣凝珠，在抖音上发起了"一颗搞定洁局"话题挑战赛（见图 4-40），号召用户一起学习跳手势舞，然后拍摄并上传短视频参与比赛。在众多短视频达人的带动下，众多用户纷纷参与其中，最终该话题挑战赛的相关短视频获得了超 2.7 亿次的播放量，而洗衣凝珠也由于手势舞配乐中不断重复的"用一颗搞定洁局"等歌词而深入人心。

图 4-38 内容号　　　　图 4-39 卖点介绍　　　　图 4-40 话题挑战赛

二、创新的直播营销

当前直播营销的竞争越来越激烈，一些品牌的直播间出现了看点不足、内容雷同、人气低迷、转化率低等痛点。立白意识到，用户观看直播的需求不仅有购物，还有社交、陪伴等精神需求。因此，立白开创了"1+N+X"的直播营销模式，其代表性案例是立白联合快手合作推出的与淄博烧烤热点相关的直播。

在该案例中，"1"是指专场直播"进淄赶烤·立白欢洗直播间"，其将直播间开在了烧烤摊前，达人与立白品牌推荐官边吃边聊，然后上演现场洗衣，很自然地将衣物沾染烧烤味的痛点与立白的清洁商品结合起来。该直播脱离了简单的"带货"模式，转而走向线下，迎合市场热点和用户需求，将商品融入直播内容，塑造出强烈的品牌记忆点和较高的话题度，成功地制造了第一波热度。

"N"是指承接第一波热度而开启的连续 14 天的系列直播。该系列直播制定了科学的选品策略，并在直播前利用短视频预热，有效地延续了热度，为创造更多的销售业绩奠定了基础。

"X"是指助推热度的站内外资源：站内资源主要是快手官方提供的亿级流量，站外资源包括在各种渠道投放的广告。这些资源进一步提升了立白系列直播的热度，起到了很好的辅助推广作用。

　　最终，立白与快手合作的这场活动创下了出色的营销成绩，多个话题登上热搜榜，累计曝光超 3 亿，交易总额环比增长超 372%，活动支付订单数环比增长 224%。

三、案例思考

（1）立白打造短视频账号矩阵有什么意义？

_____

_____

（2）立白推出的专场直播"进淄赶烤·立白欢洗直播间"有何特点？

_____

_____

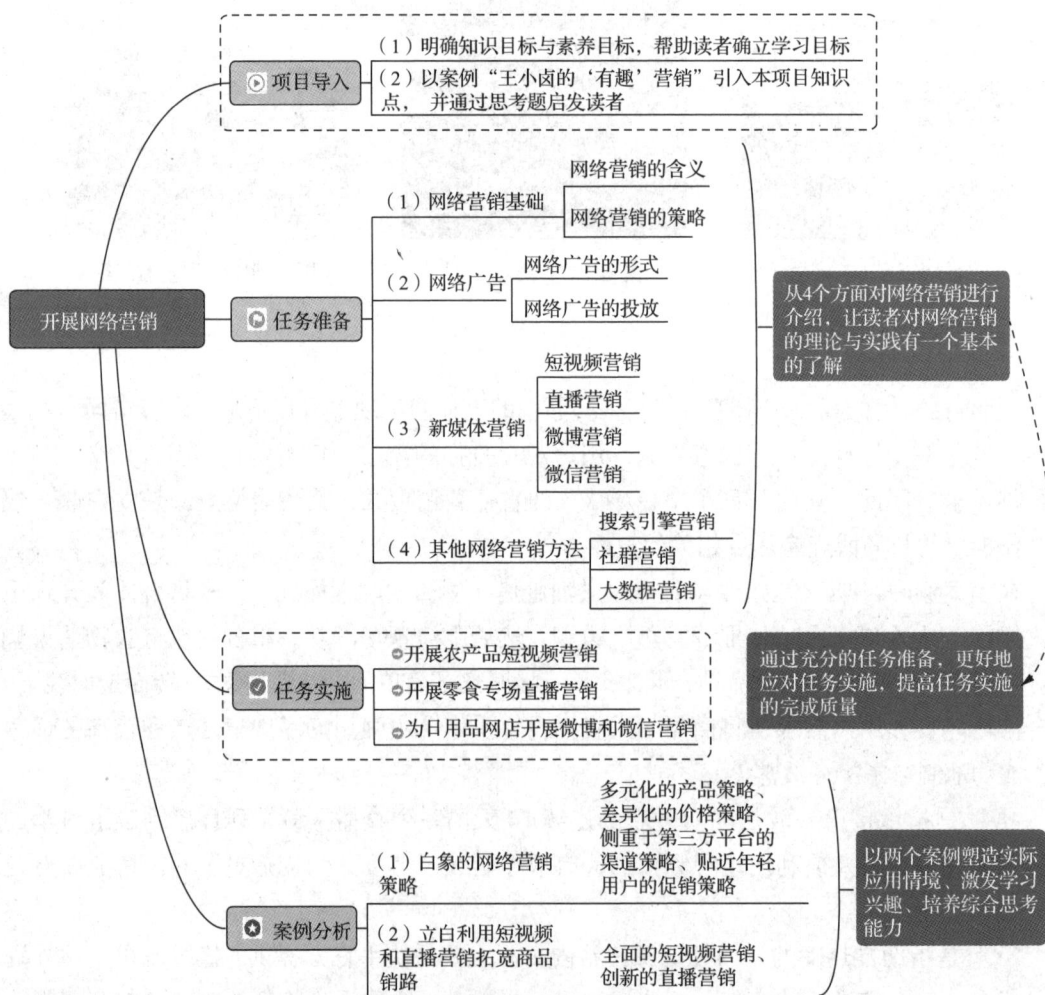

巩固提升

1. 名词解释

（1）网络营销　　　（2）搜索引擎营销　　　（3）大数据营销

2. 单项选择题

（1）（　　）不是常见的网络广告。

　　A. 信息流广告　　B. 文本链接广告　C. 音频广告　　　D. 电视广告

（2）网络营销的常用方法不包括（　　）。

　　A. 短信营销　　　B. 微信营销　　　　C. 微博营销　　　D. 社群营销

（3）下列关于社群营销的说法，不正确的是（　　）。

　　A. 社群要有清晰的定位

　　B. 社群中可以刷屏发布广告

　　C. 活跃度高的社群更有可能取得好的营销效果

　　D. 发放社群福利有助于增强社群成员的黏性

3. 多项选择题

（1）微博营销的内容包括（　　）。

　　A. 品牌推广　　　B. 内容分享　　　C. 商品销售　　　D. 搞笑段子

（2）网络营销的策略包括（　　）。

　　A. 产品策略　　　B. 价格策略　　　C. 促销策略　　　D. 渠道策略

（3）直播营销需要做的准备有（　　）。

　　A. 直播选品　　　　　　　　　　B. 筹备直播设备

　　C. 筹备直播场地　　　　　　　　D. 讲解商品

（4）下列关于 SEM 的说法，正确的有（　　）。

　　A. SEM 的主要方法包括投放搜索引擎广告、搜索引擎优化

　　B. SEM 可以使企业网站或特定网页在搜索引擎结果页上获得较高的排名与较靠前的位置，从而增加流量和曝光度

　　C. 投放搜索引擎广告需要购买关键词

　　D. SEM 不包括关键词优化

4. 思考题

（1）网络广告的形式主要有哪些？

（2）搜索引擎广告的投放流程是怎样的？

（3）大数据营销的应用有哪些？

5. 技能实训题

（1）现有一款外婆家牌低芥酸菜籽油，其核心卖点是芥酸含量不超过总脂肪酸的 2%。请撰写一条添加"养生"话题的用于营销该产品的微博，并开展有奖转发活动（3 天后随

机抽取 3 位用户，奖品是菜籽油 1 瓶）。

（2）发布一条朋友圈，为 ×× 品牌的运动包做营销，要求内容结合日常生活，如"今天跟朋友一起去爬山了，中途遇上下大雨，还好背了 ×× 品牌的运动包，这款运动包可以展开用作雨衣，让我避免变成落汤鸡！"，并配上相关图片（配套资源：素材 \ 项目四 \ 运动包 1.jpg、配套资源：素材 \ 项目四 \ 运动包 2.jpg、配套资源：素材 \ 项目四 \ 运动包 3.jpg）。

（3）组建一个美食爱好者微信群，邀请好友加入，并在群中举办线上交流活动，主题是家乡美食分享。

（4）打开抖音，拍摄一段短视频，介绍自己刚买的某件物品，并配上背景音乐、添加滤镜，然后发布。

（5）打开抖音，找到正在开展营销活动的直播间，在直播间留言、参与互动，分析直播间采用了哪些互动形式，以及主播是如何介绍商品的。

项目五
熟悉电子商务物流与供应链管理

项目名称：熟悉电子商务物流与供应链管理	学习课时：6 课时

	学习目标
知识目标	（1）熟悉电子商务物流、智慧物流的相关知识 （2）掌握电子商务供应链的相关知识
素养目标	（1）提升个人综合素质，以满足电子商务物流人才的能力要求 （2）深刻理解党的二十大报告中关于"降低物流成本"的精神，关注智慧物流的发展

引导案例
全物流生态链——菜鸟网络科技有限公司

菜鸟网络科技有限公司（以下简称"菜鸟网络"）成立于2013年，是由阿里巴巴集团、银泰集团、复星集团、富春控股、"三通一达"（申通、圆通、中通、韵达），以及相关金融机构联合组建的互联网科技公司。

菜鸟网络的商业逻辑是搭建平台，让物流供应链上的不同服务商、商家和用户可以实现高效连接，从而提高物流效率和服务品质，降低物流成本。菜鸟网络采用的是一种竞争合作思维，其将所有的物流企业放到自己的平台上统一运营。这种方式优势明显：大规模、集约化的配送方式将显著降低物流成本；分工更专业，有效提高配送效率；大大提高现有仓储设施的使用效率，降低空仓率，杜绝仓储分配不均；提高运输货物的集中度，有利于调度现有运输资源，降低车辆空置率。

菜鸟网络和阿里巴巴集团之前的战略布局一样，定位于服务平台，其实质是根据物流企业的服务质量，由菜鸟网络分配具体与其合作的电子商务企业，意在制定"高服务、高质量的物流企业可以获得更多高质量、大业务的电商客户"的规则，激励物流企业主动提升自身服务品质，进而使阿里电商的整体物流服务升级。

思考：菜鸟网络采用的运作模式是怎样的？

	注意事项
疑难点	电子商务物流模式、智慧物流、电子商务供应链管理
资料收集	（1）预习课本内容，做好笔记 （2）通过课本或网络收集电子商务物流和供应链管理的相关资料

任务准备

任务一　电子商务物流基础

物流为电子商务提供了基本的保障，使实体商品能够通过运输、配送等物流环节送到用户手中。因此，可以说电子商务交易必须依靠物流才能完成。同时，由于物流具有面对用户的特点，物流服务的质量直接影响用户体验，因此物流是电子商务的关键环节。

微课视频

电子商务物流基础

一、电子商务物流模式

不同的电子商务企业可根据自身条件选择不同的物流模式。总体来说，目前电子商务的物流模式主要有自建物流、第三方物流、物流联盟、第四方物流和即时物流等。

1. 自建物流

自建物流是指企业自己组建物流系统，自己负责物流配送。该模式适合资金和实力雄厚的企业，如京东、海尔等。自建物流模式下，企业可以监控物流配送的全过程，利用企业的丰厚资源降低物流成本，为用户提供个性化、优质的物流服务。其缺点是企业需要投入较多的资金，配备相应的物流人员，这就增加了企业的投资负担，同时分散了企业主业，而且在企业销售情况不佳、物流业务较少时容易造成物流资源闲置。

自建物流的典型代表是京东。京东从 2007 年开始自建物流，凭借强大的资金实力与技术研发实力，打造了一个智能物流系统，为用户提供仓配、快递、大件配送、冷链和跨境运输等服务。

2. 第三方物流

第三方物流又称委外物流或合约物流，是独立于供需双方的第三方对其他公司提供物流服务或与相关物流服务的行业者合作的物流模式。

第三方物流是相对于自建物流而言的。在第三方物流模式下，企业将自己不擅长的物流业务交给能提供专业物流服务的第三方物流公司，不仅可以减少固定资产投资，还能整合各项物流资源、降低物流成本、提高物流效率。例如，拼多多小商家与韵达快递、中通快递等物流公司合作，由这些物流公司来负责商品的运输。

但相应地，企业对物流的控制能力也会大大降低，一旦第三方物流公司在运送环节出现问题，就可能造成较大的损失。

3. 物流联盟

物流联盟是指企业（包括制造企业、销售企业、物流企业）基于正式的协议而建立的一种物流合作关系，参与联盟的企业汇集、交换或统一物流资源以谋取共同利益，同时企业仍保持各自的独立性。

物流联盟能够实现物流设备、技术、信息、管理等资源的共享，减少重复劳动，从而提高物流效率，降低物流成本。目前，国内已有不少物流联盟，如浙江省"一带一路"国际物流联盟，其首批成员约 100 家，涵盖了浙江省外贸企业、国际货代物流企业、船公司、港口、机场、铁路等"一带一路"贸易与物流服务供应商。

4. 第四方物流

第四方物流是在第三方物流和物流联盟的基础上发展起来的新的物流模式，它调集和组织自己以及具有互补性的服务提供商的资源、能力和技术，提供一个综合的物流解决方案。第四方物流的核心竞争力是其对整个物流供应链和物流系统的整合和规划。

第四方物流的典型代表是菜鸟网络。菜鸟网络负责搭建平台，对接物流网络中更多专业从事仓储配送的企业。简单来讲，菜鸟网络搭建物流信息的调配平台，利用互联网及电子商务技术，通过整合数据、仓储、配送平台，协调利用基础设施，最终为用户提供优质的物流服务。

5. 即时物流

课堂讨论：

即时物流为什么能做到那么快？

即时物流是随着移动互联网和O2O本地生活的发展而衍生的新物流模式，它指的是不经过仓储和中转而直接实现从门到门的送达服务，多运用于外卖平台（如美团、饿了么）、生鲜电商（如朴朴）、商超（如大润发）等。这种模式能够适应用户对物流效率和即时性的高要求。

在实际操作中，用户通过线上交易平台下单，然后由线下实体零售商线上接单，配送员执行配送（见图 5-1）。一般情况下，从用户下单到拣货打包，再到商品配送的整个环节可以在 60 分钟内完成。

图 5-1　配送员送货

素养提升

电子商务物流业急需应用型服务人才，这类人才除须具备物流管理专业知识、信息技术技能外，还要擅长沟通协调、问题解决、客户服务，同时具备创新思维、团队合作能力和行业洞察力，以帮助电子商务物流企业提高物流效率。

二、电子商务物流配送流程

电子商务物流配送是整个物流产业发展的关键，其对用户的购物体验有直接影响。具体来说，电子商务物流配送流程如图 5-2 所示。

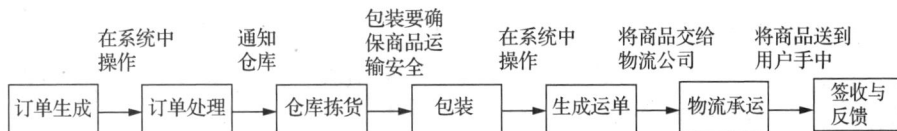

图 5-2　电子商务物流配送流程

1. 订单生成

用户在电子商务平台上下单购买商品，生成订单。订单包含商品信息、收货地址以及配送方式等信息。

2．订单处理

电子商务平台收到订单后，通过电子商务物流管理系统进行订单处理，包括订单信息确认、库存管理（检查库存是否足够）、支付处理（验证支付信息的准确性和有效性）等。订单确认无误后，将通知仓库准备商品。

如果库存不足，还会涉及从供应商处采购、验收货物并入库等环节。

3．仓库拣货

在确认订单后，仓库人员按照订单中的商品信息，从仓库中拣选出相应数量的商品，准备出库。

4．包装

拣货完成后，商品需要进行包装。包装的方式通常根据商品性质和运输方式而定，应确保商品在配送过程中不被损坏。

5．生成运单

包装完成后，电子商务物流管理系统将生成运单并标记好收货地址等信息。运单包含物流信息、配送路线以及收货人信息等。

6．物流承运

运单生成后，商品交给物流公司进行配送。物流公司负责将商品从仓库运送到用户指定的地址。在这个过程中，用户可以使用实时追踪服务，了解商品的实时位置。

7．签收与反馈

用户收到商品后进行签收，并有可能进行配送服务评价或反馈。这些信息可以被电子商务平台和物流公司用于提高服务质量。

任务二　智慧物流

电子商务的蓬勃发展也对物流业服务效率和服务质量提出了更高的标准、更严的要求。为降低物流成本、提高企业利润，加速物流产业的发展，物流行业正努力从劳动密集型向技术密集型转变，从传统物流向智慧物流升级。

微课视频

智慧物流

智慧物流是指运用先进的信息技术和数据分析方法，通过对整条供应链的智能化管理和优化，实现物流过程的高效、智能、低成本、可追溯、可控制。这一概念涵盖了物流和供应链管理领域的各个环节。

素养提升

党的二十大报告指出："加快发展物联网，建设高效顺畅的流通体系，降低物流成本。"智慧物流通过优化运输路线、仓储管理、库存控制等环节，可以减少资源浪费，降低物流和运输成本，说明智慧物流在推动社会发展和进步方面有积极作用。

一、智慧物流的技术

智慧物流依赖于多种先进技术，包括仓内技术、无人运输技术、"最后一公里"技术、末端技术以及智慧数据底盘技术。这些技术作用于整条供应链，可以提高物流效率，增强物流的可视性和灵活性。

1.　仓内技术

仓内技术的运用可以使仓储过程更加智能化、高效化，提高仓库的整体运作水平，同时降低人力成本和减少操作错误。仓内技术主要包括以下几种。

（1）分拣机器人。在仓库内使用机器人进行货物的分拣、打包和处理，如图5-3所示。这些机器人可以根据预定的路径或通过感知环境来执行任务，这大大加快了分拣速度，并增强了准确性。

（2）可穿戴设备。仓库工作人员可以佩戴智能眼镜、手持设备或其他可穿戴设备，以获取实时信息、导航到货架位置、扫描商品条码等。这有助于简化操作流程，减少错误，并提高员工工作效率。

（3）无人驾驶叉车。使用具有无人驾驶技术的叉车可以在仓库内自动移动货物，执行装卸任务，如图5-4所示，而无须人工驾驶。这提高了叉车的运行效率，缩短了搬运操作时间。

（4）货物识别。货物识别即利用射频识别、条形码扫描和计算机视觉等技术，对仓库中的货物进行精准识别。这有助于实现货物的实时跟踪、准确计数和库存管理。

图5-3　机器人分拣

图5-4　无人驾驶叉车

2.　无人运输技术

智慧物流的无人运输技术主要表现为无人驾驶卡车技术（见图5-5）。无人驾驶卡车技术是指在运输领域中，卡车能够在没有人类驾驶员的情况下自主进行行驶、导航和执行运输任务的技术。这一技术的实现通常涉及先进的传感器技术（如激光雷达、超声波传感器等）、AI、先进的通信技术（如5G）和安全系统（如紧急制动系统）。

图5-5　无人驾驶卡车

3.　"最后一公里"技术

在智慧物流中，"最后一公里"技术主要包括3D打印技术与无人机技术两类。

（1）3D打印技术。3D打印也称增材制造，是一种通过逐层堆积材料来创建三维物体的制造方法，如图5-6所示。3D打印技术支持根据数字设计文件直接制造物体，因此，未来一旦3D打印技术成熟并投入大规模应用，商品就可以在离用户最近的服务站点进行制造，供应链的模式很可能变为"城市/社区内3D打印＋同城配送"。

（2）无人机技术。无人机配送（见图5-7）适用于人口密度相对较小、难以到达的区域，如农村。无人机可以通过空中直线路径迅速交付小包裹和急件，节省时间并提高效率。早在2016年，京东就开始尝试用无人机来替代人工送货，将货物从各城镇末级站点送至各村配送点，实现15～25公里范围内的自动配送。

图5-6　3D打印

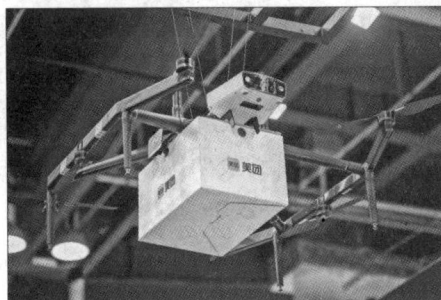

图5-7　无人机配送

4. 末端技术

智慧物流的末端技术主要是指智能快递柜。这是一种在物流配送的末端应用的技术，通过在社区、商场等地设置智能快递柜，实现快递包裹的安全存放和用户自主取件。这项技术通过提供便捷的自助服务，解决了"最后一公里"配送中遇到的用户不在家或无法及时收货的问题。用户可根据自己的时间，在方便时到智能快递柜处取件，这提升了配送的灵活性和用户体验。此外，智能快递柜还具备安全性和实时监控功能，能确保快递包裹的安全性。目前，常见的智能快递柜是丰巢快递柜，如图5-8所示。

> **课堂讨论：**
> 　　你使用过智能快递柜吗？你觉得通过智能快递柜取件方便吗？

5. 智慧数据底盘技术

智慧数据底盘技术是指在智慧物流领域中支撑和驱动整个系统运行的关键基础技术，主要包括物联网、大数据和人工智能等技术。物联网提供实时数据，大数据进行深度分析，人工智能赋予系统智能决策和操作的能力，三者相互依存、相互支持，共同构建智慧物流的技术底盘。

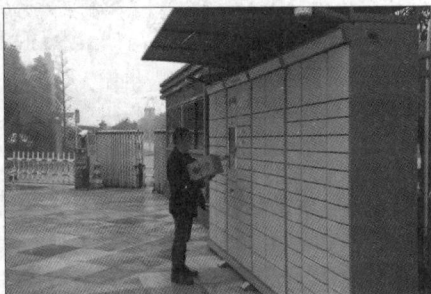

图5-8　丰巢快递柜

（1）物联网技术。通过连接传感器、设备和物体，物联网实现了对物流过程的实时监控和数据采集。采集的数据包括货物位置、温湿度、运输车辆状态等，为后续的数据分析和决策提供基础。

（2）大数据技术。大数据技术处理和分析大规模数据，为企业提供深入的业务洞察，帮助企业优化物流运作，主要应用于需求预测、设备维护预测、供应链风险预测、网络及路由规划等方面。

（3）人工智能技术。人工智能的应用场景包括智能运营规则管理、仓库选址、决策辅助、图像识别、智能调度等。通过机器学习等技术，人工智能赋予系统自学习、自适应的能力，实现更智能、更自动化的决策和操作。

二、智慧物流的应用

近年来，我国的智慧物流取得了不小的进步，已步入高速发展阶段。就电子商务领域而言，智慧物流的应用主要包括以下4个方面。

1. 智慧仓储

智慧仓储是一种通过将仓储数据接入互联网系统，利用提取、运算、分析、优化和统计等方法，再通过物联网、自动化设备、仓储管理系统、仓库控制系统等实现对仓储系统的智慧管理、计划与控制的先进模式。智慧仓储的典型应用是菜鸟无人仓，如图5-9所示。

图5-9　菜鸟无人仓

具体来说，智慧仓储利用物联网技术在仓库内部安装传感器和设备，实现对库存、货架和货物的实时监控；通过自动化设备如机器人和智能搬运设备，提高仓库操作效率；同时结合大数据分析历史仓储数据，优化库存管理、预测需求，全面提升仓储效率。

2. 智慧物流包装

智慧物流包装是一种结合先进技术的创新型包装方式，旨在提高物流效率、安全性，以及对货物状态的实时监测和管理。这种包装利用物联网技术、传感器、大数据分析等先进技术，使得包装不仅仅能保护货物外壳，更成为能够主动参与物流过程、实时反馈信息的智能工具，从而满足当代的物流需求。例如，在冷链物流中加入温控传感器，全程监测和记录包装箱内的温度，确认商品在物流过程中是否出现脱温现象。

3. 智慧物流配送

智慧物流配送是利用先进的技术和创新的方法对物流配送过程进行优化和智能化的一种方式。智能物流配送整合了物联网、大数据分析、人工智能等技术，以提高配送效率、降低成本、提升服务质量。智慧物流配送的典型应用场景有以下几种。

（1）路线优化。利用大数据分析和实时交通信息，智慧物流配送可以优化配送路线，选择最短、最经济的路径，从而缩短配送时间和降低成本。

（2）智能调度。基于人工智能算法，智慧物流配送能够智能地对配送任务进行调度，充分考虑交通状况、货物种类、配送地点等因素，使配送车辆更加合理地分配和调度。

（3）自动化配送。利用自动驾驶技术和机器人等自动化设备，智慧物流配送可以使用无人机、自动驾驶车辆（见图 5-10）等自动完成一部分或全部配送任务。

（4）容错处理。智慧物流配送系统能够及时处理配送过程中的异常情况，如交通堵塞、配送地址错误等，以确保顺利完成配送任务。

图 5-10　自动驾驶车辆

4. 智慧物流园区

智慧物流园区是指通过整合先进的信息技术和物流设备，以提高园区内物流运作效率、降低成本、提升服务水平为目标的物流园区。相较于传统的物流园区，智慧物流园区在智能视频监控、智能装车、智能分拣以及智能视觉等方面有着明显的特点。

（1）智能视频监控。采用"云＋端"的云计算架构，通过物流场景中的视觉算法学习，实时预警异常情况，提高园区内物流工作的整体效率，使物流工作更加透明。

（2）智能装车。根据订单和可用车辆，通过码放位置算法生成匹配关系，指导司机装车及码放，实现有序装车，提高装车工作效率和装载率。

（3）智能分拣。集成人工智能、分拣机器人等技术，实现操作自动化，提高分拣操作效率，从入库到拣选、打包、分拨等物流全链路都实现自动化，改变传统人力集中操作的模式。

（4）智能视觉。利用智能视觉识别指定区域的人、车、货，判断车辆停靠、通道占用、人员操作和货物堆积情况，实现对园区内环境的实时监测和预警。

任务三　电子商务供应链管理

高效的供应链管理水平在很大程度上保证了企业的核心竞争优势。电子商务时代，供应链管理是电子商务企业间竞争的主要方面，其与企业核心竞争力之间有着密切联系。如何进行供应链管理，是当前很多电子商务企业不断探索的重要问题。

一、电子商务供应链管理的含义

电子商务供应链管理是一种综合的、网络化的物流与信息流管理体系，旨在优化和协调电子商务环境下商品的流通、交付和信息传递。电子商务供应链管理包括从原材料供应、生产制造、商品分销、运输配送、仓储库存到商品销售的全过程，涉及众多独立的公司（如制造商、供应商、运输商和零售商等）和用户。

电子商务供应链管理的主要目标是提升供应链效率、透明度和准确性，以更好地满足用户需求并降低运营成本。为实现该目标，电子商务供应链管理要遵循一些基本原则：以用户为中心，相关企业间共享信息、共享利益、共担风险，应用信息技术来实现管理目标。

二、电子商务供应链管理的内容

通过精细化的供应链管理，企业能够实现库存的精准控制、订单的及时处理以及物流的优化，从而提升用户物流体验。具体来说，电子商务供应链管理涵盖以下内容。

1．采购管理

电子商务供应链中的采购管理包括供应商管理、采购订单处理、库存管理等环节。

（1）供应商管理。供应商管理主要是对供应商的信息、资质、产品质量等进行评估和审核，以保证采购的商品符合要求。

（2）采购订单处理。采购订单处理主要是通过电子商务平台进行在线采购，包括订单提交、审核、支付等环节。

（3）库存管理。库存管理是为了确保在需要时有足够的商品可供销售，并避免过多库存造成资金浪费。企业应实时追踪库存水平，以便及时补充缺货商品，同时避免积压过多的库存。

2．销售管理

电子商务供应链中的销售管理包括销售预测、销售订单处理、库存管理等环节。

（1）销售预测。销售预测即根据历史销售数据和市场趋势等因素，预测未来销售情况。

（2）销售订单处理。销售订单处理主要是对用户的订单进行审核、确认、发货等。

（3）库存管理。库存管理在销售管理中同样起到重要作用。库存管理系统需要与销售订单处理系统协同工作，以保持库存水平的平衡。实时监控库存，并与销售预测数据结合，有助于企业更好地规划供应链。

专家指导

采购管理和销售管理都涉及库存管理，但它们的关注点略有不同。在采购管理中，库存管理的作用是确保有足够的库存以支持生产或满足未来销售的需求。在销售管理中，库存管理更多地集中表现在满足用户需求和提供及时交付方面，以降低滞销和断货风险。

3．物流管理

电子商务供应链中的物流管理包括运输管理、仓储管理、配送管理等多个环节。

（1）运输管理。运输管理即对商品的运输过程进行管理，包括对运输方式、运输时间、运输成本等因素的管理。

（2）仓储管理。仓储管理即对商品的存储进行管理，包括仓库的选址、布局、库存管理等环节。

（3）配送管理。配送管理即对商品的配送进行管理，包括对配送时间、方式、成本等因素的管理。

4．信息管理

电子商务供应链中的信息管理包括供应链协同平台的建设、数据交换与共享、信息安全管理等环节。

（1）供应链协同平台的建设。供应链协同平台的建设即通过云计算等技术手段，实现供应链各环节的信息共享和协同作业，以提高供应链的效率和准确性。

（2）数据交换与共享。数据交换与共享即通过数据接口等技术手段，实现供应链各环节的数据共享和交换，提高供应链的透明度，并增强其可控性。

（3）信息安全管理。信息安全管理即通过加密技术、防火墙等技术手段，保障供应链信息的安全性和可靠性。

5. 支付管理

电子商务供应链中的支付管理包括网上支付系统的建设、支付安全等环节。

（1）网上支付系统的建设。网上支付系统的建设即通过建立网上支付平台，提供多种支付方式，方便用户进行在线支付。

（2）支付安全。支付安全即通过加密技术、身份认证等技术手段，保障支付过程的安全和可靠。

任务实施

实训一　设置网店物流模板并发货

【任务背景】

某新开淘宝网店需要在淘宝的商家后台设置运费模板，以便以后发货时不必重复输入运费信息，然后在后台通过官方（菜鸟网络）寄件的方式为未发货的订单发货。

【任务目标】

（1）加深对电子商务物流的认识。

（2）能够在淘宝商家后台设置物流模板并发货。

【操作步骤】

本次实训可以分为设置物流模板、订单发货两部分。

1. 设置物流模板

物流模板需要设置通用的运费计价方式，还可以为部分地区的物流设置特殊计价方式或者提供包邮服务，具体步骤如下。

（1）登录千牛工作台，在页面左侧的"交易"栏中选择"物流管理—物流工具"选项，在打开的页面中选择"运费模板设置"选项，如图 5-11 所示。

（2）在打开的页面中单击"新增运费模板"按钮，在打开的"新增运费模板"页面的"模板名称"文本框中输入模板

图 5-11　选择"运费模板设置"选项

的名称，并设置"发货地"，单击选中"自定义运费"单选项，然后单击选中需要的计件方式对应的单选项，这里单击选中"按重量"单选项，如图 5-12 所示。

（3）单击选中"快递"复选框，在其下方打开的表格中填写相关运费信息，如图 5-13 所示。

图 5-12　新增运费模板

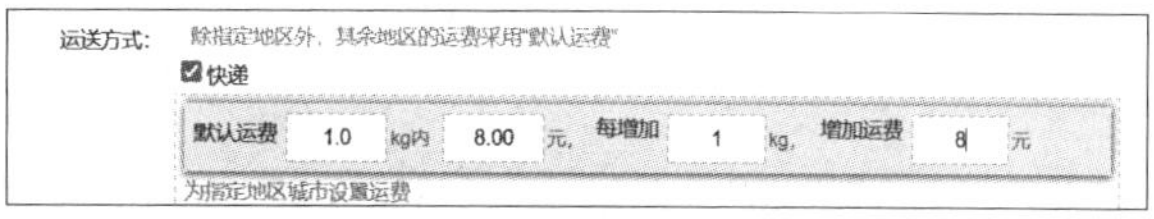

图 5-13　填写相关运费信息

（4）单击下方的"为指定地区城市设置运费"超链接，在打开的列表中单击"未添加地区"旁的"编辑"超链接。打开"选择区域"对话框，单击选中"东北"复选框，如图 5-14 所示，单击"保存"按钮，然后按照上一步骤的方法设置东北区域的运费价格。

（5）单击选中"指定条件包邮"复选框，在打开的列表中单击"未添加地区"旁的"编辑"超链接，打开"选择区域"对话框，单击选中"华东"复选框，单击"保存"按钮，在"设置包邮条件"栏中设置包邮条件，设置完成后单击"保存并返回"按钮，如图 5-15 所示，在打开的页面中将显示已经设置完成的运费模板，如图 5-16 所示。

图 5-14　选中"东北"复选框

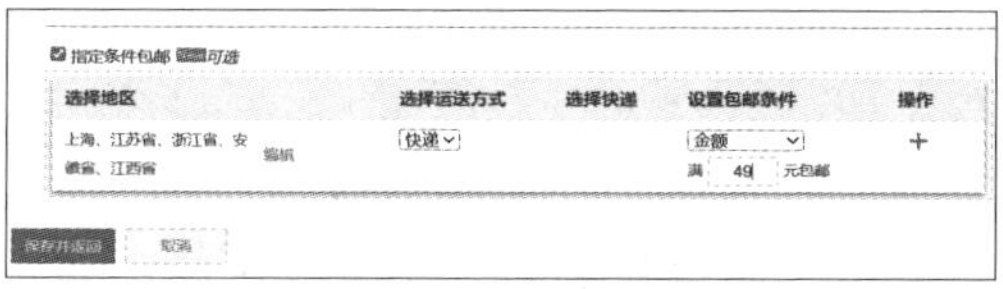

图 5-15　指定条件包邮

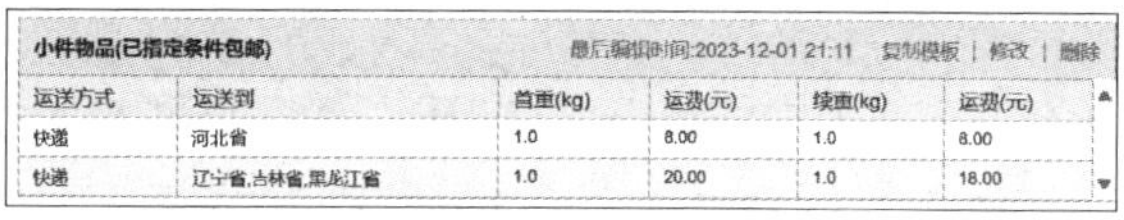

图 5-16　设置完成的运费模板

2. 订单发货

用户完成付款后，商品需要邮寄，网店可以直接通过官方寄件的方式发货，具体步骤如下。

（1）在千牛工作台页面左侧导航栏中选择"交易管理"栏下的"已卖出的宝贝"选项。在打开的页面中单击"等待发货"选项卡，单击订单对应的"发货"按钮，如图 5-17 所示。

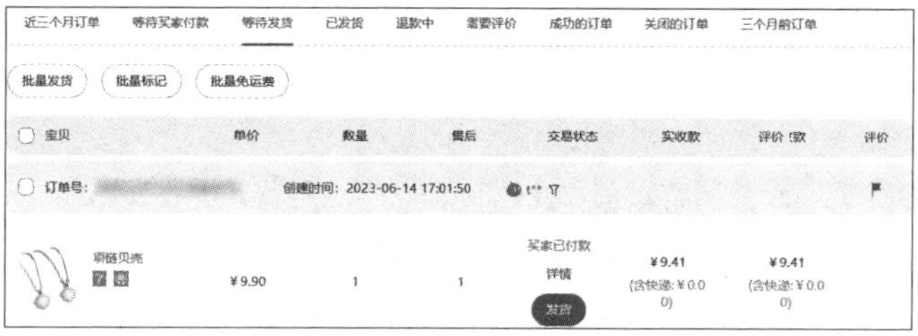

图 5-17　单击"发货"按钮

（2）打开"发货 / 开始发货"页面，依次确认订单信息、发货 / 退货信息。

（3）在"3. 选择发货方式"栏中选择"官方寄件"选项，查看寄件费用，单击"确认并发货"按钮，完成发货，如图 5-18 所示。之后菜鸟网络会根据相关规则和算法将该寄件单分配给其合作的物流公司（如圆通、中通、申通、韵达等）中的一家，该物流公司的快递员会上门揽货。

图 5-18　确认并发货

【总结考核】

总结本次实训的操作过程并回答下面的问题。

（1）菜鸟网络的运作模式属于＿＿＿＿＿＿＿＿＿＿物流模式。

（2）如果网店选择自己联系物流，则属于＿＿＿＿＿＿＿＿＿＿＿物流模式。

实训二　选择物流模式与商品包装材料

【任务背景】

刘芳在北京某小区门口开了一家小型水果店，并分别在美团外卖和拼多多平台开了网店。刘芳平时采用的物流方式主要有 3 种：1 公里内小区居民订购的水果，自己骑电瓶车送货（满 100 元即送）；美团外卖的订单由外卖员送货，通常在半小时内送达；拼多多的订单，交给韵达、中通等第三方快递公司来承运，通常 3 ～ 5 天送达。现有一笔特殊的订单：住在 30 公里外北京郊区（超出美团外卖的配送范围）的李女士想购买 10 斤杨梅，要求隔天送到（根据约定，运费由卖家承担），刘芳需要确定该订单的物流方式，并为杨梅选择包装材料。

【任务目标】

（1）选择合适的物流方式，巩固电子商务物流模式的相关知识。

（2）能为商品选择合适的包装材料。

【操作步骤】

为订单确定物流方式并为商品选择包装材料的具体操作步骤如下。

（1）分析现有物流方式及其适用情况，如表 5-1 所示。根据该订单的情况，可以选择由第三方快递公司配送，但将合作快递公司改为顺丰速运，并选择顺丰同城急送服务（见图 5-19），能确保物流时效。

表 5-1　各物流方式的分析

物流方式	所属物流模式	优势	劣势
自己骑车送货	自建物流	能掌控物流进度和配送时间，用户的物流体验好	时间成本高
美团外卖配送	即时物流	配送及时	适用于配送范围内（通常在 5 公里内）的用户，且商家需要支付一定的费用
由第三方快递公司配送	第三方物流	成本相对低，适用于距离更远的订单	时效不能保证

图 5-19　顺丰同城急送

（2）为杨梅选择合适的包装材料。选择适合杨梅的包装材料需要考虑以下方面：杨梅是易腐烂的水果，因此包装材料需要具有良好的保鲜性能，能够延长杨梅的保质期，可以选择具有透气性和防潮性的材料作为内包装，如塑料镂空篮子 + 保鲜膜；杨梅在运输过程中容易因挤压和碰撞而受损，因此包装材料需要具备一定的防震性能，可以选择泡沫塑料、气泡膜等材料作为外包装。最终包装效果如图 5-20 所示。

图 5-20　杨梅包装

【总结考核】

总结本次实训的操作过程并回答下面的问题。

（1）本次实训中涉及的物流模式有＿＿＿＿＿＿＿＿＿＿＿＿＿＿＿＿＿＿＿＿

＿＿＿＿＿＿＿＿＿＿＿＿＿＿＿＿＿＿＿＿＿＿＿＿＿＿＿＿＿＿＿＿＿＿＿＿。

（2）第三方物流模式的优缺点分别是＿＿＿＿＿＿＿＿＿＿＿＿＿＿＿＿＿＿＿

＿＿＿＿＿＿＿＿＿＿＿＿＿＿＿＿＿＿＿＿＿＿＿＿＿＿＿＿＿＿＿＿＿＿＿＿。

📖 案例分析

案例一 自建物流的代表——京东物流

提到自建物流，很多人第一时间会想到京东。京东采用自建物流的模式为用户提供了高质量、高效率的物流服务体验，在"最后一公里"中以高效、优质的服务赢得了用户的信赖，成功地树立了自己独特的品牌形象。

一、京东物流发展概况

京东自建物流始于 2007 年，建立了北京、上海、广州仓储基地，面积约 3 万平方米。2009 年年初，京东斥巨资成立自己的物流企业，并分别在北京、上海、广州、成都、武汉设立了一级物流中心，随后在沈阳、济南、西安、南京、杭州、福州、佛山、深圳这 8 个城市建立了二级物流中心，这些城市的用户是京东的消费主力。以华东物流中心——上海为例，物流中心每日能正常处理 2.5 万个订单，日订单极限处理能力达到 5 万个。

2013 年，京东上线次日达、极速达、夜间配等服务。

2015 年 12 月，京东与李宁签署战略合作协议，标志着京东物流线上线下、多平台、全渠道、B2B、B2C 一体化物流解决方案全面对外开放。

2016 年，京东收购达达配送平台，成立物流子品牌，形成小件、大件、冷链（冷藏冷冻类食品配送）、跨境、众包物流（达达）、B2B 电子商务 6 张物流大网。

2018 年，京东物流推出"全球智能供应链"战略，提出要与更多伙伴一起重构全球供应链，提升整个社会的供应链效率，降低供应链成本。

2019 年，京东物流发起"千县万镇 24 小时达"时效提升计划，聚焦"最后一公里"配送下沉，推动全国范围内物流时效升级。同年，京东物流与移动、联通、电信三大运营商完成签约，落地全国首个 5G 智能物流园区，并搭建 5G 智能物流平台 LoMir。2019 年 12 月，京东物流投用当时亚洲规模领先的一体化智能物流中心"东莞亚洲一号"，该中心建筑面积近 50 万平方米，单日订单处理能力可达 160 万个，自动立体仓库可同时存储超过 2000 万件中件商品。

2022 年 7 月，京东物流收购德邦股份，获取了覆盖全国的大件与快运物流网络，强化了大件快递和快运运输能力。2022 年 8 月，京东物流获得《航空承运人运行合格证》，这意味着京东航空将正式投入运营。同年 10 月，京东物流宣布接入抖音电商"音需达"服务，为抖音电商用户提供送货上门等配送服务。

2023 年，京东推出"云仓达"，通过供应链 SaaS 系统，将末端站点的配送能力进行开放；为经销商同城非即时需求的订单提供半日达履约方案。

截至 2023 年 6 月 30 日，京东拥有超过 30 万自有配送人员，1.9 万个配送站及网点，运营超过 1600 个仓库，管理仓储总面积超 3200 万平方米。京东物流已在全球运营近 90 个保税仓库、直邮仓库和海外仓库，总管理面积近90万平方米。即便在"6·18"期间，全国超95%的区县依然能实现当日、次日达。

二、京东物流提供的服务

为满足不同用户的送货需求，京东提供了不同的配送模式供用户选择，主要包括以下几种。

1. 仓储服务

京东物流提供专业的仓储服务，包括商品存储、库存管理、订单分拣等，为商家提供便捷的物流解决方案。通过京东物流的仓储服务，商家可专注于核心业务，提高运营效率。

2. 快递服务

京东物流向企业及个人用户提供安全可靠、时效领先、专业贴心的快递服务，以及在此基础上的多种增值服务，如保价、代收货款、包装、签单返还、指定签收等。其中，快递服务又包括特快送、特惠送、同城速配、生鲜特快等。特快送承诺1小时上门揽收、最快当日送达，生鲜特快采用公铁空"三位一体"运输网络，承诺核心城市今日寄、次日到。

3. 快运服务

快运服务是京东物流核心产品之一，聚焦20千克以上的重货零担物流市场，已在全国范围内开通揽收服务，拥有10余万条运输干支线路与数百个转运中心，为全国用户提供高效安全的物流运输服务。

4. 大件服务

大件服务是面向企业及个人用户的一站式大件仓储、运输、配送及安装服务，针对家电、家居、电动车、健身器材等大件。

5. 冷链服务

京东冷链服务于2018年正式推出，专注于生鲜食品、医药物流，依托冷链仓储网、冷链运输网、冷链配送网，通过构建社会化冷链协同网络，打造全流程、全场景的一站式冷链服务平台，实现对商家与消费终端的安心交付。

6. 跨境服务

京东物流的跨境服务帮助中国制造通向全球，全球商品进入中国；同时，为商家提供一站式跨境供应链服务。

三、京东物流的硬件产品

京东物流不仅提供了全面的物流服务，而且在硬件产品方面进行了大量的投入，为提高物流效率和服务质量奠定了坚实的基础。

1. 智能快递车

京东物流智能快递车（见图5-21）具备L4级别自动驾驶能力，因此其可以在开放道路上自主运行，而无须安全员的监督。这种智能快递车能够根据不同的场景类型和作业模式完成履约配送工作。

该智能快递车具有良好的通行能力,支持 24 小时全时段运行,并且能够在复杂天气条件下稳定运行。它的服务范围覆盖了社区和商圈的快递配送,并与主流商超系统打通,提供超市订单无人即时配送服务。

2. 室内配送机器人

室内配送机器人(见图 5-22)是一种新型的配送工具,它能够打通楼宇横向与纵向的配送网络,完成最后 100 米的末端配送。这种机器人可以解决快递员无法上楼的问题,满足用户快递或其他物品配送需求,帮助京东快递近距离接触用户。

该机器人系统支持多车高频循环配送,多机调度支持楼内多台机器人同时运营工作,满足快递的派送与揽收、楼内外物品、外卖等配送需求,被广泛应用于商场、写字楼等场景,可以提高运转效率,改善用户体验。

图 5-21　智能快递车

图 5-22　室内配送机器人

3. JDX-500 无人机

JDX-500 作为全球首款自转旋翼物流无人机,主要用于中短距物流运输,能够有效承担百公里级别边疆、山区、海岛等交通不便地区的物流运输、高附加值产品的运输及应急物资补给任务,显著提升物流时效。

4. 地狼机器人

地狼机器人是京东自研自产的产品,它成长于京东仓储智能物流搬运场景应用实践,并应用于各行业搬运场景。地狼机器人可以根据不同物流场景提供定制化解决方案,有效提升物料搬运效率和降低自动化转运成本,解决目前物流行业搬运成本高及人员效率低等痛点,实现物料智能搬运。

四、案例思考

(1)根据本案例,京东物流的自建模式有哪些优势?

（2）根据本案例，京东物流采取了哪些措施来提升快递时效？

_____

_____

_____

案例二　菜鸟智慧物流园区

菜鸟网络作为阿里巴巴旗下的物流平台，在物流技术领域不断探索和创新，其中建设智慧物流园区就是一项重要举措。菜鸟智慧物流园区集成了物联网、人工智能、边缘计算等先进技术，以其高度数字化、智能化和自动化的特征，极大地提高了物流效率，降低了成本，推动了物流行业向前发展。

案例解说

一、传统物流园区的痛点

菜鸟网络之所以会建设智慧物流园区，其中一个重要原因是传统物流园区已经无法满足现代电子商务的需要。具体来说，传统物流园区的痛点主要包括以下几个方面。

1. 物流组织管理效率低下

传统物流园区往往缺乏现代化技术手段的支持，如物联网、大数据、人工智能等，导致无法实现智能化、自动化的物流运作，因此往往存在管理手段落后、信息化程度低、各环节协调不顺畅等问题，导致物流组织管理效率低下，无法满足现代物流发展的需求。

2. 物流成本高

传统物流园区由于缺乏统一的标准和规范，导致物流成本高，企业利润受到挤压。

3. 服务质量差

传统物流园区的服务质量参差不齐，缺乏统一的服务标准和流程，导致服务质量差，客户满意度低。

4. 缺乏协同发展意识

传统物流园区内的企业多缺乏协同发展意识，导致资源无法得到有效整合和利用，无法形成产业集聚效应。

5. 安全隐患大

首先，传统物流园区的运营管控主要依靠人力进行，诸如人车管理、数据统计、安防监控等方面的效率相对较低，往往无法及时有效地处理各类问题，这无疑增加了园区的运营风险。其次，各安防子系统间信息和操作壁垒明显，集成度不高，导致安防人员无法全面掌握园区实时安全状态。最后，传统园区大多采用被动监控和事后回放的方式，对于前置预测以及突发状况的响应不够及时。

二、菜鸟智慧物流园区的特点

为解决这些痛点，菜鸟网络引进了物联网、边缘计算和AI等技术，提高了信息化程度，建立了统一的标准和规范，建设了菜鸟智慧物流园区。该园区具有以下特点。

1. 全面数据化和智能化

菜鸟智慧物流园区采用物联网技术，实现了"一切设备有传感器"的特点。通过传感器，整个园区内的各种设备和设施连接在一起，实现了对园区温度、湿度、井盖下水位等环境的实时感知。全面数据化和智能化为园区运营提供了实时信息，使得园区管理更加智能。

2. 摄像头自主运算和实时分析

在菜鸟智慧物流园区中，摄像头不仅用于监控，其还具有自主运算能力。借助 AI 技术和算法，每个摄像头都能够通过捕捉的影像进行实时计算分析，实现车辆智能调度、备货科学管理以及员工异常行为预警。这让摄像头不再需要 24 小时值守，增强了园区对异常事件的检测准确性，还实现了摄像头的联动和算法的有机合作，使整个园区更加智能和强大。

3. 无人仓高效运作

菜鸟智慧物流园区将无人仓作为标配，引入自动化流水线、无人驾驶叉车、AGV 机器人、机械臂等技术，提高分拣效率。用户下单后，AGV 机器人攀越高达 10 层楼的自动立体仓，把成批的商品从无人仓库内取出，交由无人驾驶叉车运输，机械臂完成批量商品拆零。拆零商品被自动逐一贴上面单，自动分拨发往不同地区，实现了全流程无人操作。在这个过程中，上百台机器人能够互相避让，自主充电，不会出现混乱，且机械臂的识别能力很强，能快速而精准地从批量商品中识别出单个商品。

三、菜鸟智慧物流园区的影响与未来展望

菜鸟智慧物流园区的引入对物流行业产生了深远的影响，其建设展示了物流行业对新技术的积极接纳和创新。这将激发行业内其他企业对智能物流和自动化技术的兴趣，推动整个行业向更智能、高效的方向发展。

未来，随着技术的不断进步，智慧物流园区可能会进一步完善和扩展，覆盖更多物流环节，推动整个物流行业朝着更智能、数字化、可持续的方向迈进。同时，这也为其他相关领域如商场、学校、医院等的管理提供了借鉴和参考的模式，推动了这些领域的数字化转型。

四、案例思考

（1）菜鸟智慧物流园区如何利用物联网技术实现全面数据化和智能化？

_____

_____

（2）菜鸟智慧物流园区是如何提升物流效率的？

_____

_____

项目总结

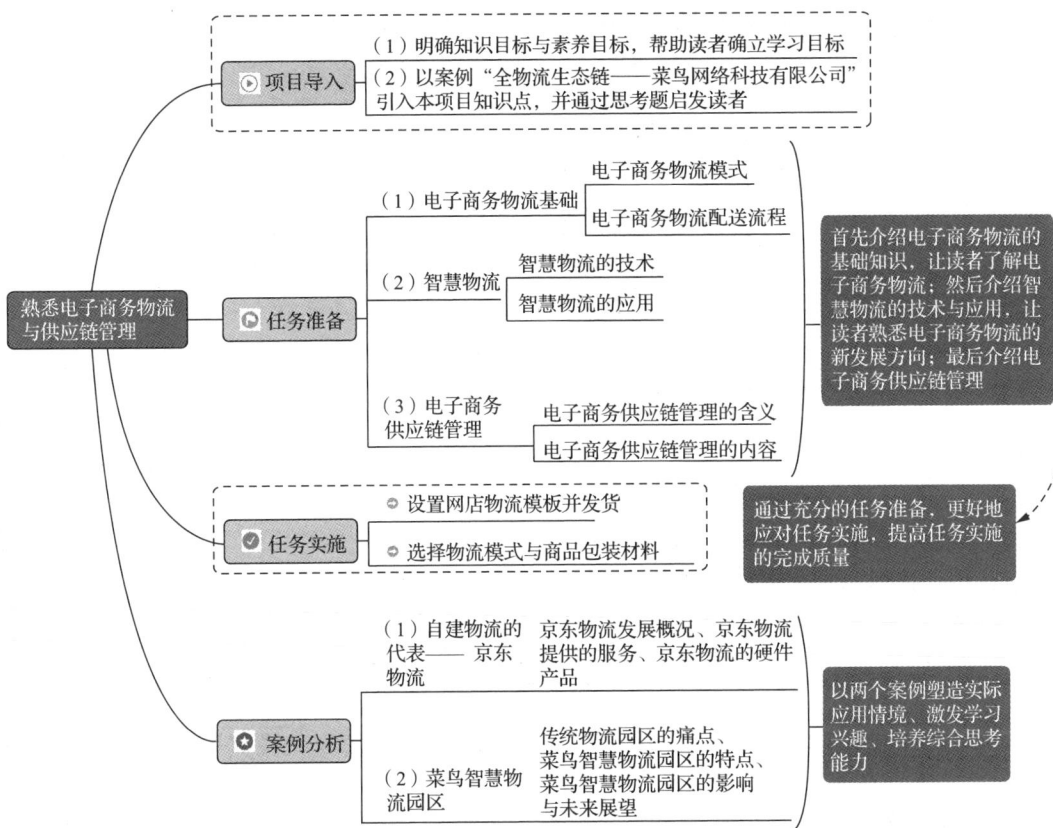

巩固提升

1. 名词解释

（1）自建物流　　（2）第三方物流　　（3）智慧物流　　（4）供应链管理

2. 单项选择题

（1）下列选项中，属于智慧物流仓内技术应用的是（　　）。

　　A. 可穿戴设备技术　　　　　　　B. 无人驾驶卡车技术

　　C. 无人机技术　　　　　　　　　D. 智能快递柜

（2）第四方物流的典型代表是（　　）。

　　A. 菜鸟网络　　　　　　　　　　B. 美团外卖配送

　　C. 京东物流　　　　　　　　　　D. 顺丰

（3）（　　）指的是不经过仓储和中转直接实现从门到门的送达服务。

　　A. 跑腿快送　　B. 同城物流　　C. 物流联盟　　D. 即时物流

3．多项选择题

（1）智慧物流配送的典型应用场景有（　　　）。

  A．路线优化 B．智能调度 C．自动化配送 D．容错处理

（2）电子商务供应链中的物流管理包括（　　）等多个环节。

  A．运输管理 B．仓储管理 C．配送管理 D．资金管理

（3）下列关于智慧物流技术的说法，正确的有（　　　）。

  A．3D 打印技术是一种通过逐层堆积材料来创建三维物体的制造方法

  B．智能快递柜解决了"最后一公里"配送中用户不在家或无法及时收货的问题

  C．无人机配送较适用于人口密度相对较小、难以到达的区域

  D．智慧数据底盘技术主要包括物联网、大数据和人工智能等技术

4．思考题

（1）电子商务供应链管理包括哪些方面的内容？

（2）智慧物流的应用有哪些？

（3）自建物流的优缺点分别是什么？

5．技能实训题

完成以下物流相关任务。

- 打开京东 App 搜索想要的商品，设置筛选条件为"京东物流"，在搜索结果中选择一款标有"次日达"的商品。点击该商品，进入详情页，在"送至"栏查看该商品的物流时效。下单购买该商品，在订单详情界面查看物流运输动态。第二天等待快递员配送到家，感受京东物流服务。

- 在拼多多 App 上购买商品，查看订单物流详情，待到货与快递员约定将商品放在附近的菜鸟驿站，前往菜鸟驿站取件。

- 在美团 App 订购外卖，通过订单详情查看快递员的配送轨迹；收货后查看配送耗时情况。

- 总结 3 次购物的物流服务体验，填写表 5-2。

表 5-2 物流服务比较

项目	京东 App	拼多多 App	美团 App
物流时效性			
配送服务准时度和个性化程度			
取货的便捷性			

项目六
做好客户关系管理

项目名称：做好客户关系管理	学习课时：6课时

学习目标

知识目标	（1）熟悉客户关系管理的含义与内容 （2）掌握获取新客户、维护老客户的具体策略
素养目标	（1）增强法律意识，在收集、使用客户信息时保护客户隐私 （2）培养同理心，增强服务意识

引导案例

某母婴品牌的客户关系管理

某母婴品牌一直致力于构建良好的客户关系，通过一系列措施巧妙地满足了客户需求、增强了品牌认知，培养了一批忠实客户。

首先，该品牌在官方网站精心打造了以婴儿护理为主题的信息板块。板块内设有"宝宝的书""咨询与帮助中心""母亲交流圈"等栏目，为客户提供了一个双向及时沟通的平台。这种开放的交流形式不仅能让客户获得个性化的产品建议，还促进了客户之间的社交，增强了客户的黏性。

其次，该品牌收集了客户的各方面信息，包括年龄、收入、购物记录和偏好等，深入分析客户行为和需求，挖掘不同新产品的目标客户，并向目标客户推送相关新产品的购买优惠券，以及产品的使用说明和相关健康科普知识，使客户购买新产品后用得更舒心，有效地提升了客户满意度。

最后，该品牌还引入会员积分体系。客户注册成为会员后，可以通过购买品牌商品、在品牌 App 中签到等方式获取积分，积分积累到一定程度就可以升级，享受对应的会员权益。这促使客户长期购买品牌商品、使用品牌 App，提高了客户忠诚度。

思考：良好的客户关系对于企业的发展有什么意义？

注意事项

疑难点	客户关系管理的内容、智能客服的优势与应用场景
资料收集	（1）预习课本内容，做好笔记 （2）通过课本或网络收集客户关系管理的相关资料

任务准备

任务一　客户关系管理基础

在市场竞争越来越激烈的今天，一味专注于提升商品质量是远远不够的，企业还需要做好客户关系管理，提高客户的满意度和忠诚度，这样才能在竞争中占据优势地位。

一、客户关系管理的含义

客户关系管理是指企业为了增强核心竞争力，以客户为中心，利用信息技术提高客户服务水平，提高客户的满意度与忠诚度，进而提升企业盈利能力的一种管理理念。其最终目标是吸引新客户、维护老客户，以及将已有客户转化为忠实客户，为企业带来更多的收益。

二、客户关系管理的内容

客户关系管理不单单指与客户搞好关系，它是一项系统性工作，主要包括以下内容。

1. 客户识别

企业应该通过市场研究、数据分析等手段确定哪些人群可能成为潜在客户，并为与之建立良好关系做好准备。

2. 客户选择与开发管理

确定潜在客户后，企业需要选择出有价值的客户，并通过市场营销、推广活动等方法吸引和培养这些客户。

3. 客户信息管理

客户信息管理涉及收集、存储和维护客户的各种信息，包括客户的基本信息（如姓名、性别、年龄等）、购买行为（如购买频次、购买金额等）和偏好（如喜好、兴趣等），以建立全面的客户档案。

素养提升

《中华人民共和国个人信息保护法》规定，任何组织、个人不得非法收集、使用、加工、传输他人个人信息，不得非法买卖、提供或者公开他人个人信息。在收集、使用客户信息的时候，一定要遵守相关法律法规，保护客户隐私。

---

4. 客户分级管理

客户分级管理是指根据客户的价值、忠诚度和贡献等因素，将客户分为不同的级别，针对不同级别的客户提供不同的服务，这样可以更好地满足不同类型客户的需求，提高客户的满意度和忠诚度。例如，某网店根据客户的消费频率和消费金额，将客户分为 VIP 客户和普通客户，使 VIP 客户享有独家促销活动、定期的会员礼遇和一对一服务，从而让 VIP 客户感受到网店的诚意。

5. 客户体验与沟通管理

客户体验与沟通管理强调企业与客户之间的互动，通过有效的沟通渠道和方式，建立良好的客户关系。企业要关注客户反馈，及时调整商品和服务，提高客户满意度。

6. 客户服务管理

客户服务管理是客户关系管理的核心之一，包括售前、售中和售后服务。企业需要提供高质量的客户服务，以满足客户的需求和期望，提高客户的满意度和忠诚度。

（1）售前服务。售前服务主要包括商品介绍、咨询解答等，旨在帮助潜在客户了解商品，解决他们在购买过程中遇到的问题。

（2）售中服务。售中服务则是指在客户下单后到收货前这一阶段所提供的服务，如订单处理、发货安排等，以确保交易的顺利进行。

（3）售后服务。售后服务则涵盖商品使用指导、维修保养、退换货处理等，目标是确保客户在购买后能够得到满意的服务。

7. 客户流失管理

客户流失管理是客户关系管理的重要环节之一，旨在降低客户流失率并挽回流失客户。企业需要分析客户流失的原因，采取相应的措施（如提供优惠、改进商品等）来挽回流失客户；同时，还需要深入分析客户流失的原因，发现企业的问题并改进商品和服务。

任务二　客户关系管理的具体策略

客户关系管理的涉及面很广，但从总体上看，关键是保证客户的数量和质量。这就要求企业要尽可能多地获取新客户并维护好老客户，以留住老客户，并提高客户忠诚度。

微课视频

客户关系管理的具体策略

一、获取新客户

获取新客户是指企业通过不同的市场推广和销售策略，吸引并引导尚未购买商品或服务的潜在客户，使其成为企业的新客户。获取新客户常用的策略和方法有以下几种。

（1）以老带新。通过一定的奖励引导老客户拉新客户，如图 6-1 所示。

（2）线下推广。在线下摆摊、办活动、参加展会等，通过二维码等引导客户进入网店选购。

（3）付费推广。在电子商务平台上投放广告，以获取优质的展位，如淘宝的直通车展位（见图 6-2，标题左下角写有"广告"字样）、引力魔方展位等，进而获得更多客户。

图 6-1　以老带新　　　图 6-2　直通车展位

（4）开展专属优惠活动。提供新客户专属的福利，包括优惠券（见图 6-3）、赠品或其他优惠，吸引用户下单。

（5）内容营销。创作有吸引力的内容（如短视频、图文、H5 等），使品牌在目标客户心中形成深刻印象。图 6-4 所示为某品牌为吸引目标客户发布的搞怪短视频。

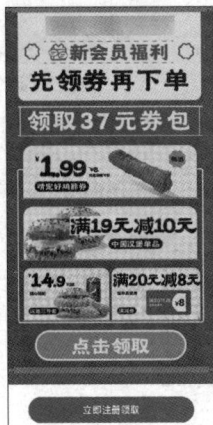

图 6-3　新客户福利　　　图 6-4　内容营销

二、维护老客户

维护老客户是指企业采取一系列措施，以保持与已有客户的良好关系，促使他们继续选择购买公司的商品或服务。企业可以采取以下方法来维护老客户。

（1）提供专业的售后服务。企业可根据客户的需求和问题，及时提供专业的售后服务，解决客户遇到的问题。

（2）定期回访。企业可通过微信、电话等渠道定期与客户进行沟通交流，了解他们的需求和反馈，及时回答客户的问题并处理客户的意见。

（3）开展专属活动。企业可组织客户参与活动，如线上专属优惠活动、线下资深会员见面会等，增强客户的参与感，加深与客户的关系。

（4）社群互动。企业可通过各种福利吸引客户加入品牌社群，与客户互动，拉近与客户之间的距离。

（5）建立成长激励体系。成长激励体系是指引导客户做出特定动作的一系列激励或约束规则，如下单一次可获得一定的积分，积分积累到一定程度就能升级，不同的等级对应着不同的权益，以激励用户下单，如图 6-5 所示。

（6）提供增值服务。企业可提供具有附加值的服务，如厨具品牌通过微信公众号定期发布美食菜谱，皮具品牌为客户提供免费护理、延长保修期等服务。

（7）提供个性化商品 / 服务。企业可根据客户的购买历史和偏好为他们提供个性化的服务和定制化的商品，如充电宝品牌根据客户喜好，为其定制特定颜色的充电宝。

（8）生日和节日祝福。企业可通过微信、短信、邮箱等渠道向客户发送生日 / 节日祝福，展示对客户的关怀，如图 6-6 所示。

图 6-5　成长激励体系　　图 6-6　生日/节日祝福

素养提升

　　要做好客户关系管理，首先要增强服务意识，学会站在客户的角度思考问题，理解客户的困惑和需求，培养自己的同理心。要做到这一点，平时在生活中应多观察，尝试不同的思考方式，保持开放的心态，接受不同的观点和建议。

任务三　智能客服

　　随着 AI 技术的不断发展和成熟，智能客服已经成为电子商务平台和商家常用的客户服务方式之一。例如，京东推出了智能客服言犀，其可以智能地回答客户的问题，无论白天还是黑夜都能做到秒回，在"6·18"等购物节期间能接待涌来的大量客户。

微课视频

智能客服

一、智能客服的优势

　　智能客服是指利用 AI 技术和自动化流程来提供客户服务和解决客户问题的系统或软件。智能客服的优势主要体现在以下几个方面。

　　（1）全天候服务。智能客服可以一周 7 天 ×24 小时无间断运行，无须休息，且能快速响应大量客户的咨询，提高接待效率，进而提升客户体验。这对于需要提供持续性服务的电子商务平台来说尤其重要。

　　（2）降低人力成本。智能客服可以处理大量重复性、基础性的问题，这会减少企业对人工客服的需求，帮助企业节约人力成本。

　　（3）持续学习和优化。智能客服具有自主学习的能力，可以通过分析大量的对话数据不断优化回答策略，使自身在回答各种问题时给出的答案越来越准确。

课堂讨论：
　　智能客服能完全替代人工客服吗？为什么？

（4）个性化服务。智能客服能够通过分析客户的行为和偏好，提供个性化的服务，提升客户体验。假设智能客服分析客户在电子商务平台上的浏览和购买历史，发现客户定期购买健身器材，判断出客户是运动爱好者，智能客服就能有针对性地为客户推荐哑铃、蛋白粉等与健身相关的商品。

（5）智能数据分析。智能客服通过收集和分析客户互动数据，为企业提供更深入的洞察，帮助企业了解客户行为和需求，为企业的业务决策提供支持。例如，智能客服分析得出某款鞋子"是否有其他颜色"的咨询较多，得出该鞋子需要推出更多颜色供客户选择的结论，从而帮助企业及时调整相关商品策略。

（6）接入渠道多元化。智能客服可以在多种渠道上提供服务，包括网店、微信公众号（见图6-7）、微信小程序、微博等，使客户可以在不同平台上获取一致的支持。

二、智能客服的应用场景

智能客服在电子商务领域的应用场景比较广泛，主要涵盖以下几种。

（1）自动问答。智能客服系统基于自然语言处理和机器学习技术，通过语言理解、知识库查询以及实时反馈等原理，自动回答常见的客户问题，消除客户疑虑，提供即时帮助，如图6-8所示。

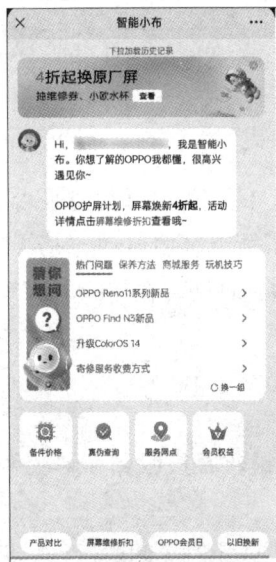

图6-7　接入微信公众号　　　图6-8　自动回答问题

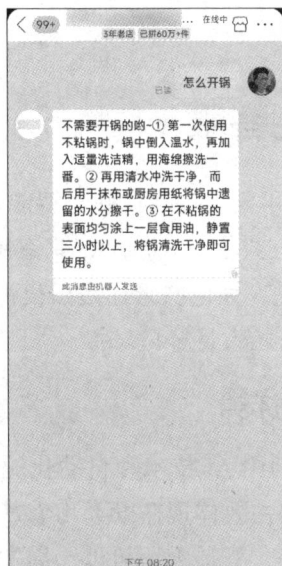

（2）投诉处理。智能客服可以通过自然语言处理技术理解客户表达的投诉问题，识别关键词和情感色彩，然后根据先前的训练数据或知识库中的信息，生成适当的回答。

（3）在线导购。一些电子商务平台引入智能客服作为在线导购助手，智能客服通过与客户实时对话，根据客户的兴趣和历史行为，提供个性化的购物建议等，协助客户找到符合其需要的商品。

（4）收集客户反馈。智能客服可以通过设定触发条件，如客户完成一次购物、使用商品一段时间后等，自动发起询问或邀请客户提供反馈。利用自然语言处理技术，智能客服能分析客户提供的文字信息，识别关键词、情感以及对商品或服务的评价。

（5）智能外呼。智能客服还可以应用于智能外呼中，包括外呼销售、外呼回访等场景，它能够通过语音识别、自然语言处理等技术，为客户提供标准化的问候、业务介绍等服务，同时理解和回答客户的咨询和问题。

任务实施

实训一 使用微信维护客户

【任务背景】

"天奥皮鞋"网店近期老客户流失较多，因此打算通过微信平台来维护客户。其安排客服人员李莉使用微信个人账号（客服专用号）添加客户微信（已收集到客户的手机号），创建微信客户群，并在群中与客户互动，发布品牌活动与商品信息。

【任务目标】

（1）熟悉微信在维护客户方面的应用。

（2）能够添加客户微信，创建微信群，并在群中与客户互动。

> 微课视频
>
> 使用微信维护客户

【操作步骤】

本次实训可以分为添加客户微信、创建微信群并互动两部分。

1. 添加客户微信

在此部分操作中，李莉需要通过搜索客户的手机号，向客户发送好友申请，待客户同意后为客户微信添加备注和标签，并为客户分组，便于后续分类发布信息，具体步骤如下。

（1）打开微信，在主界面右上角点击"搜索"按钮（放大镜图标），在打开界面的搜索框中输入某客户的手机号，在打开的界面中选择"查找手机/QQ号"选项，在打开的界面中查看客户微信名片，点击"添加到通讯录"按钮（注：前提是客户没有关闭通过手机号搜索微信号的权限）。

（2）在打开的"申请添加朋友"界面中的"发送添加朋友申请"栏中输入申请理由，这里输入"我是天奥皮鞋客服小莉，竭诚为您服务"。

（3）在"设置备注"栏中输入备注，这里将备注设置为客户的微信昵称+城市+性别。

（4）在"添加标签和描述"栏中选择"标签"选项，在打开的"从全部标签中添加"界面中点击"新建标签"按钮，在打开的窗格中输入结构为"城市分级+性别"的标签，这里输入"一线/新一线+女"，点击"确定"按钮，如图6-9所示。返回"从全部标签中添加"界面，点击右下角的"保存"按钮。

（5）返回"申请添加朋友"界面，点击"发送"按钮，如图6-10所示。

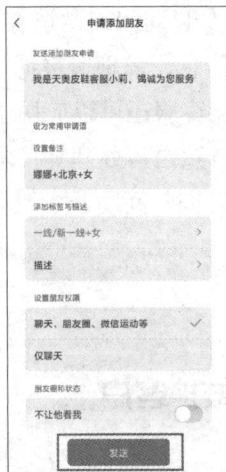

图 6-9　输入标签　　　　图 6-10　点击"发送"按钮

2. 创建微信群并互动

此部分需要先创建微信群、修改群名、设置群公告，然后进行群互动，具体步骤如下。

（1）在主界面点击右上角的"+"按钮，在打开的列表中选择"发起群聊"选项。

（2）在打开的"发起群聊"界面中点击选择需要邀请加入微信群的好友，这里要创建"一线/新一线"城市女客户的微信群，因此点击搜索框，在打开界面中的"通过标签筛选"栏中点击"一线/新一线+女"标签，在打开的界面中查看带有该标签的好友，依次选择这些好友，点击右上角的"确定"按钮。

（3）返回"发起群聊"界面，点击"完成"按钮。微信群创建成功，进入群聊界面，点击右上角的"..."按钮，在打开的"聊天信息"界面中选择"群聊名称"选项。

（4）打开"修改群聊名称"界面，输入微信群名称，如图 6-11 所示，点击"完成"按钮。

（5）返回"聊天信息"界面，选择"群公告"选项，在打开的界面中输入群公告内容，如图 6-12 所示，点击"完成"按钮。设置好群公告后，微信会自动以群消息的形式通知全部社群成员。

图 6-11　修改群聊名称　　　图 6-12　输入群公告内容

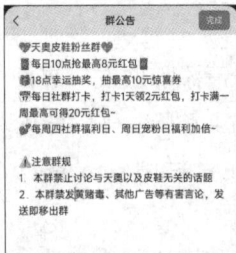

（6）为了活跃群气氛，可以发放群红包。点击右下角的"+"按钮，在打开的列表中点击"红包"按钮，在打开的"发红包"界面中设置红包个数、总金额，以及红包封面语，如图 6-13 所示，点击"塞钱进红包"按钮，在打开的窗格中点击"支付"按钮发放群红包。

（7）为增强社群成员的黏性，可以在群中发布品牌福利信息，返回"聊天信息"界面，在聊天框中输入"@"，在打开的"选择提醒的人"窗格中选择"所有人"选项，返回"聊天信息"界面，继续输入要发送的群消息，这里输入品牌活动信息，如图 6-14 所示，输入完毕后点击"发送"按钮。

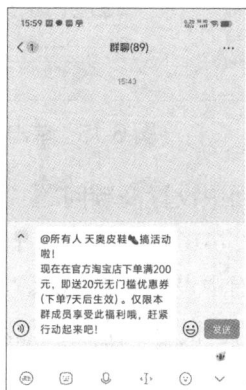

图 6-13 发红包　　　　图 6-14 发布福利信息

【总结考核】

总结本次实训的操作过程并回答下面的问题。

（1）添加客户微信后可以＿＿＿＿＿＿＿＿＿＿＿＿＿＿＿＿＿＿。

（2）创建微信客户群后，可以在群中＿＿＿＿＿＿＿＿＿＿＿＿＿＿，以拉近客户与品牌的距离。

实训二　开启并配置机器人客服

【任务背景】

某淘宝日用品网店近日流量增多，客服接待压力骤增，因此网店决定开启机器人客服，以帮助接待客户，快速回答一些高频问题，在机器人客服无法顺利接待时再转入人工客服。

【任务目标】

（1）巩固智能客服的优势和应用。

（2）掌握在千牛工作台中开启并配置机器人客服的方法。

【操作步骤】

淘宝网店需要在千牛工作台中开启机器人客服，开启后需设置常见问题的回复内容，具体步骤如下。

（1）登录千牛工作台首页后，在页面左侧列表中选择"客服—接待管理—机器人"选项，然后在打开的页面中单击"官方机器人"对应的"立即免费使用"按钮，如图 6-15 所示。

（2）在打开的页面中单击选中"我已阅读并同意……"单选项，单击下方的"启用官方机器人"按钮。

微课视频

开启并配置
机器人客服

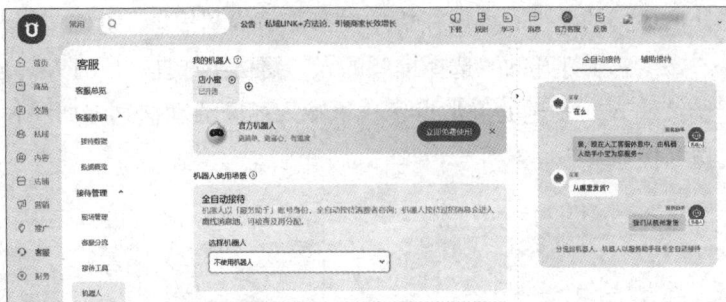

图6-15　单击"立即免费使用"按钮

（3）在打开的页面中设置高频问题"下单后什么时候发货？"的自动回复，这里选择第2条回复选项，如图6-16所示，然后单击"下一个问题"按钮。

（4）在打开的页面中设置高频问题"发什么快递？"的自动回复，这里选择"圆通快递""中通快递""韵达快递"选项，如图6-17所示，然后单击"下一个问题"按钮。

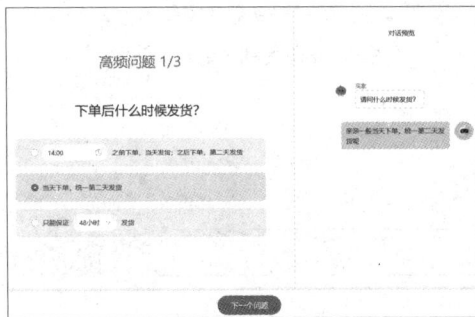

图6-16　设置高频问题的自动回复

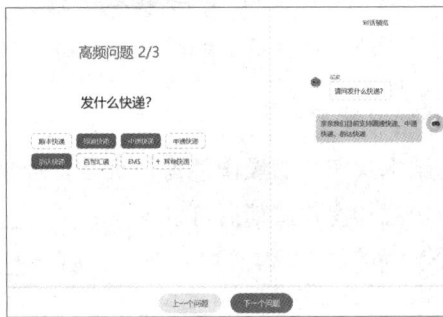

图6-17　继续设置高频问题的自动回复

（5）在打开的页面中设置高频问题"从哪里发货？"的自动回复，这里从下方的列表中选择"广东省珠海市"选项，然后单击"回答完毕，进入机器人的使用"按钮。

（6）打开的对话框中将提示"开通成功"，单击"下一步"按钮。在打开的"店小蜜知识迁移"界面中单击选中"知识库答案""关键词答案"复选框，单击"迁移答案"按钮，在打开的界面中单击"立即使用官方机器人"按钮。

（7）在打开的页面中选择"店铺基础问答"板块中的"商品热门问题"选项，在打开的页面中单击需要配置问题自动回复商品对应的"配置答案"按钮，如图6-18所示。

图6-18　单击"配置答案"按钮

（8）在打开的页面中单击需要设置自动回复的问题对应的"添加所有规格回复"按钮，在打开的文本框中输入回复内容，如图6-19所示，单击"保存"按钮。再按照相同的方法为其他问题设置回复内容。

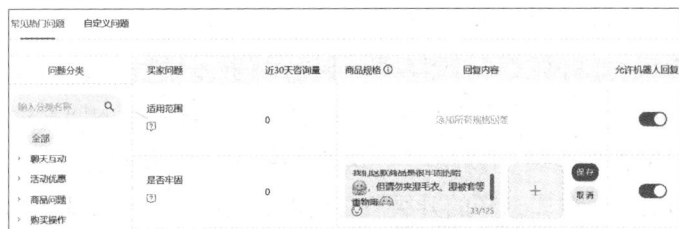

图 6-19　输入回复内容

（9）选择左上角的"机器人首页—商品知识库—配置答案"中的"机器人首页"选项，在打开的页面中选择"更多设置"板块中的"人工介入策略"选项。

（10）在打开页面的"买家命中关键词"下方的文本框中输入关键词"人工客服""不要机器人""不要智能客服"，如图 6-20 所示。设置后，只要客户的留言中出现这些关键词，系统就接入人工客服。

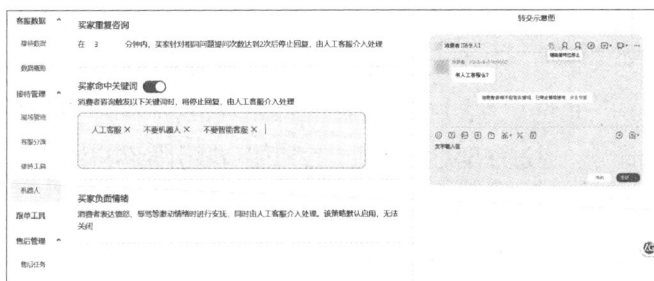

图 6-20　输入关键词

【总结考核】

总结本次实训的操作过程并回答下面的问题。

（1）本次实训开启的机器人客服属于智能客服在_____方面的应用。

（2）本次实训中的机器人客服所体现的智能客服的优势有_____

_____。

📖 案例分析

案例一　京东智能客服——言犀

言犀是京东自主研发的大规模商用的智能机器人，其功能包括在线咨询、语音外呼、语音导航、语音应答、数字人等，能为客户提供智能化咨询服务。

案例解说

一、言犀诞生的背景

在传统电子商务链路中，客服一直是高度依赖人工操作的环节，但人工客服存在的人员流动性强、工作烦琐重复、效率低、难以满足多元化客户需求等问题急需解决。

在这样的背景下，业内研发了智能客服。但在 AI 技术成熟之前，智能客服的逻辑更偏向于"关键词触发自动回复"，即在客户触发关键词时通过配置好的回答模板实现自动回复。这种方式往往不能有效识别客户的意图，无法解决客户的实际问题。

随着大模型的引入，言犀这样的升级版智能客服得以诞生。所谓升级，是指言犀通过连接知识库，能够解决更广泛的问题，同时通过意图识别和文本生成，能够更专业、自然地进行对话。这使得言犀成为商家实际可用的工具。

二、言犀的特点

言犀虽然是机器人，但依托于智能情感客服系统，具有一定的灵活性，可以扮演各种角色，提供个性化、全方位的服务。具体来说，言犀具有以下特点。

1. 多角色担当

言犀具备多角色的特性，能够灵活切换成不同的角色，如"金牌导购""知心好友"等，以更好地满足客户需求。例如，某客户表现出对相机性能的关注，询问相机的性能指标，言犀迅速切换成"金牌导购"角色，为客户提供详细的技术规格与相机特点的介绍，并说明该款相机相较于其他竞品的优势。通过深度对话交互，言犀能巧妙引导客户注意该相机的独特之处。

2. 情感识别与表达

言犀能够识别客户在交流中表现出的情绪，包括生气、失望、愤怒、焦虑等，同时在回复中加入相应的情感表达，使人机互动更加有温度。这种情感识别的精准性可以提升客户体验，让客户感觉到被理解和关心。例如，某客户咨询一款数码相机的购买建议时说"我不确定这款相机适不适合我，担心购买后会后悔"，言犀通过客户的表达和语气识别到客户可能处于一种犹豫和不确定的情绪中，因此，巧妙地加入情感表达，回复说："我完全理解您的疑虑，但您不要担心。这款相机有许多优点，而且我们有无忧的售后服务，如果购买后不满意，我们可以帮您处理退换事宜。同时，您还可以看看其他客户的评价，这或许能帮助您更好地做出决定。"

3. 智能化的咨询服务闭环

基于领先的全栈自研 AI 技术，言犀不仅能够高效地完成售前、售中和售后的全流程服务，还能够提供个性化的购物建议。例如，在售前，它可以识别商品链接、提供卖点差异和推荐商品；在售中，它能根据订单、物流状态进行精准应答；在售后，它则能够处理复杂的售后场景，提高客户的满意度和忠诚度。

三、言犀带来的成效

近年来，言犀愈发成熟，让京东平台众多商家受益颇多，联想、海信就是其中的代表。

就联想而言，言犀在联想京东自营旗舰店的应用取得了显著的成效。在"6·18"活动开展期间，言犀能独立解决 80% 以上的客户咨询问题，转人工率低于 30%，为联想提供了即时有效的支持。联想京东自营旗舰店以前的智能客服比较死板，其需要安排专职客服跟进咨询智能客服未下单、下单未付款的客户，耗时但效果一般。应用言犀后，言犀可以自动判断不同场景的高意向客户并自动完成触达，如主动提醒未支付的客户支付等，使得联想京东自营旗舰店的转化率有了很大的提升。

在海信京东自营旗舰店，言犀的引入显著降低了运营成本，日均节省成本占比高达50.2%；而且在"6·18"大促期间，言犀参与促成下单转化率较同期提升了2.42%，参与促成下单金额较同期提升了69%。

四、案例思考

（1）案例中提到了言犀在处理客户情感方面的表现，你认为这种情感识别和表达对提升客户体验有何作用？

_____

_____

（2）言犀在售前、售中和售后阶段分别提供了哪些服务？

_____

_____

案例二　小米的粉丝运营

小米作为一家技术创新型企业，不仅在商品领域取得了成功，其独特的营销策略也成为业界关注的焦点。小米经过多年的精心运营，培养了一群忠实客户，该群体有个人们熟知的名称——"米粉"。"米粉"深度参与小米的品牌建设，并通过情感联系和社交互动，成为小米品牌的忠实传播者。

一、小米的特色粉丝运营策略

小米的粉丝运营之所以能取得瞩目的成绩，在一定程度上取决于其根据数码产品及其爱好者的特点，制定了一套有自身特色的粉丝运营策略。

1. 建设粉丝社区

小米在创立初期就意识到了社区对于粉丝运营的重要性。通过搭建小米社区，小米为客户提供了与品牌互动、分享体验的平台。在小米社区（最早叫 MIUI 论坛）刚刚建立时，小米通过严格筛选，邀请了 100 名忠诚客户成为社区的早期成员。这一策略有助于保证社区建立初期的活跃度和参与度。随后，小米社区的人数逐渐增长，在第二年就发展到 50 万人。同时，小米社区也成为用户参与产品建设、提出建议的场所。例如，小米发布 MIUI 系统新版本时，会通过社区征集粉丝对系统的意见和建议（见图 6-21），并通过投票和讨论的方式决定新功能的加入和系统的调整，还会定期对粉丝反馈的系统问题进行处理（见图 6-22）。粉丝的声音会直接影响商品的设计，这增强了粉丝对商品的归属感。

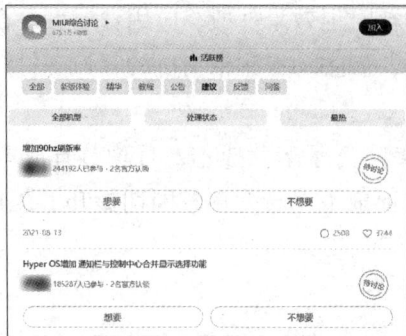

图 6-21 粉丝对系统提出的建议

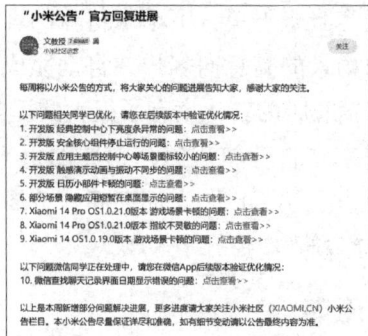

图 6-22 处理粉丝反馈的问题

2. 有仪式感的系统更新

小米会在每周五下午 5 点发布 MIUI 开发版系统更新（这被称为"橙色星期五"），这一时间选择和频率的规律性为用户创造了期待感。这种定期的、仪式感强烈的更新机制可以加深用户对品牌的情感连接，激发用户参与和讨论。

3. 由核心粉丝逐渐拓展

小米负责人最初在 Android 论坛发掘并吸引了 100 名对手机技术和应用有着极高热情和认知的技术"发烧友"。他们在小米社区、"米粉"活动中十分活跃，在小米粉丝群体中发挥了关键作用。他们通过扮演意见领袖的角色，发布专业的帖子来吸引新粉丝，让小米粉丝群体从技术"发烧友"拓展到普通数码产品用户，并带动了众多新粉丝参与到有关小米产品的讨论中，激发了粉丝群体的讨论热情。

4. 举办"米粉节"

"米粉节"是小米设定的企业节日，定于每年的 4 月 6 日，这一天也是小米公司的成立日。在这一天，小米为了回馈粉丝，会提供一系列福利，让粉丝有机会以更优惠的价格买到心仪的小米产品。此外，小米在"米粉节"开始前和进行期间还会通过社交平台有节奏地释放"米粉节"福利信息，并举办线下见面会等配套活动，渲染浓烈的活动气氛，提升粉丝参与"米粉节"的体验。

5. 举办同城会活动

同城会是小米为粉丝在线下组织的交流活动（见图 6-23），规模通常在 50 人左右。粉丝们参加同城会，可以互相交流小米产品的使用技巧、体验小米的新产品、认识一些有共同爱好的朋友等。这样的线下交流能够增强粉丝群体的凝聚力和粉丝对"米粉"群体、小米的认同感。

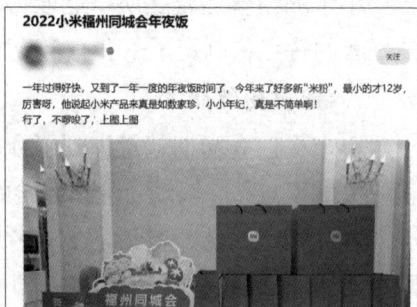

图 6-23 同城会

二、小米在社交平台的粉丝运营

除了建立小米社区、举办"米粉节"等特色的粉丝运营方式外，小米同多数品牌一样，也积极利用社交平台来运营粉丝，其中最具代表性的是微博和微信公众号两个平台。

1. 微博

小米在微博上建立了账号矩阵，包括 @ 小米手机、@ 小米公司、@ 小米电视、@ 小米商城等品牌相关机构账号，以及 @ 雷军、@ 黎万强、@ 小米洪峰等公司管理者个人账号。

其中，以 @ 小米手机为代表的机构账号积极在微博平台发布好玩、有趣、有价值的内容来吸引粉丝关注，同时积极和粉丝互动，通过转发抽奖等方式激发粉丝的参与热情，如图 6-24 所示。而以 @ 雷军为代表的管理者个人账号会经常征集粉丝对产品的意见，如图 6-25 所示，让粉丝感觉到自己的意见得到了小米高层的重视，从而获得更强的满足感。

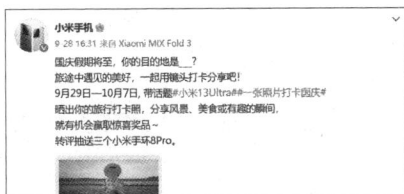

图 6-24　与粉丝互动　　　　图 6-25　征集粉丝意见

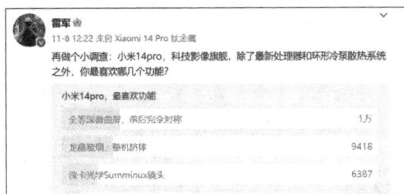

2. 微信公众号

小米在微信公众平台注册了 @ 小米手机、@ 小米之家等多个公众号，一方面发布小米最新的产品信息，另一方面接入小米服务（支持电池换新、外屏碎维修、后壳换彩等，见图 6-26）、在线客服、售后服务（见图 6-27）等各类服务，让粉丝能够便捷地获取产品相关服务，为粉丝带来了更多产品使用保障，提升了粉丝的满意度。

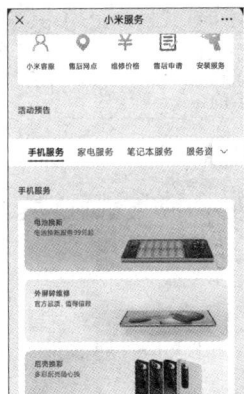

图 6-26　小米服务　　　　图 6-27　售后服务

三、案例思考

（1）在数字化时代，小米依然积极举办线下的同城会。你认为线下活动对于粉丝运营有什么意义？

（2）小米是如何让粉丝获得参与感的?

项目总结

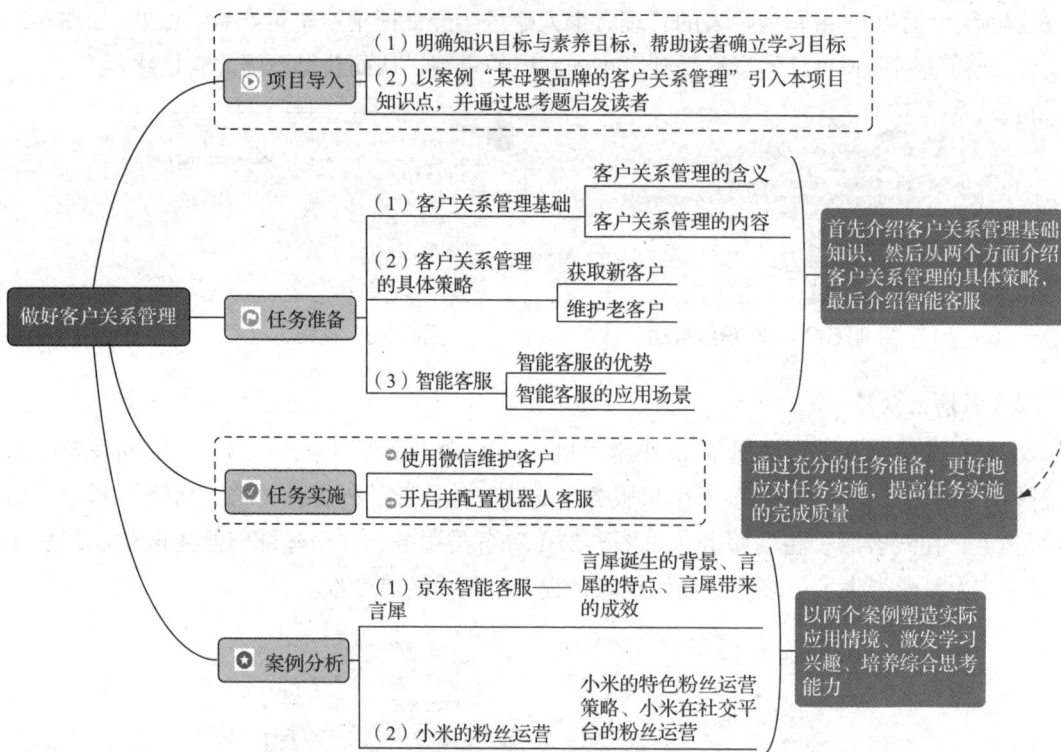

巩固提升

1. 名词解释

（1）客户关系管理　　（2）客户分级管理　　（3）智能客服

2. 单项选择题

（1）（　　）根据客户的价值、忠诚度和贡献等因素，将客户分为不同的级别，以提供不同的服务。

　　A. 客户选择与开发管理　　　　B. 客户信息管理

　　C. 客户分级管理　　　　　　　D. 客户服务管理

（2）下列哪项不属于智能客服的优势?（　　）

　　A. 全天候服务　　　　　　　　B. 持续学习和优化

　　C. 个性化服务　　　　　　　　D. 可以完全取代人工客服

（3）（　　）是客户关系管理的核心之一，包括售前、售中和售后服务。

  A．客户服务管理   B．客户信息管理

  C．客户体验管理   D．客户开发管理

3．多项选择题

（1）获取新客户的策略有（　　）。

  A．以老带新   B．线下推广

  C．开展专属优惠活动   D．内容营销

（2）维护老客户的策略有（　　）。

  A．建立成长激励体系   B．提供个性化产品 / 服务

  C．提供增值服务   D．送上生日和节日祝福

（3）智能客服在电子商务领域的应用场景主要有（　　）。

  A．自动问答   B．投诉处理   C．在线导购   D．智能外呼

4．思考题

（1）如何获取新客户？

（2）客户关系管理包括哪些内容？

（3）智能客服有什么优势？

（4）智能客服有哪些应用场景？

5．技能实训题

完成以下智能客服相关操作。

- 在微信中搜索"OPPO"，打开 OPPO 微信公众号，选择"服务"选项，在打开的列表中选择"在线客服"选项，进入"智能小布"界面。
- 点击"热门问题"中的一个问题选项，如"OPPO Reno11 系列新品"，获取自动回复。
- 在下方"小布猜你还想知道"栏中点击一个问题选项，获取自动回复。
- 在底部的文本框中输入"手机保养方法"并发送，获取自动回复。

项目七
认识电子商务安全与支付

项目名称：认识电子商务安全与支付	学习课时：6课时

学习目标	
知识目标	（1）熟悉电子商务面临的安全威胁及电子商务安全技术和安全管理措施 （2）掌握电子支付的相关知识
素养目标	（1）了解我国在移动支付普及方面取得的成就，认识到商业创新对于社会的推动作用 （2）增强网络安全意识，明确个人在维护网络安全方面的责任

引导案例

从现金支付到移动支付——李女士支付习惯的变化

退休的李女士一直习惯到实体店购物并使用现金支付。李女士的亲朋好友都喜欢网购，但她对网购持怀疑态度，觉得在网上付款很不安全，怕付了钱收不到商品。女儿告诉她，现在有第三方支付平台做担保，确认收货以后钱才会转给商家。同时，女儿还向李女士讲解了如何防范网购风险，包括安装安全防护应用、及时查杀病毒、不轻易连接陌生Wi-Fi、验证陌生来源信息的真伪等，这让李女士感到很多风险都可以预防。

经过学习，李女士开始尝试在网上购物并使用支付宝进行支付。一段时间后，李女士发现这种付款方式确实有保障，于是女儿又开始向李女士介绍移动支付的便利性。

在女儿的帮助下，李女士在便利店付款时，使用微信扫描了商家的二维码，在手机的界面上输入金额，快速完成了支付。李女士感觉移动支付太方便了，不仅不再需要携带现金，而且还不用收到一堆零钱。随后，女儿又帮李女士开通了刷脸支付，告诉她以后连手机都不用打开，可以直接"用脸付款"。李女士很兴奋，感叹科技进步带来的便利太大了。

思考：电子支付有什么优势？

注意事项	
疑难点	电子商务安全技术、电子商务安全管理措施、移动支付
资料收集	（1）预习课本内容，做好笔记 （2）通过课本或网络收集电子商务安全与支付的相关资料

任务准备

任务一　电子商务安全

随着电子商务的不断普及与发展，电子商务逐渐渗透到人们工作、生活的各个领域，成为人们工作、生活中不可缺少的一部分，但随之而来的是电子商务的安全问题。不同于面对面的传统商务活动，电子商务是基于网络的、不谋面的商务活动，整个过程容易受网络环境、人员素质和数据传输等因素的影响而面临各种各样的安全问题。

微课视频

电子商务安全

一、电子商务面临的安全威胁

网络技术的不断发展使电子商务所面临的安全威胁逐渐变得多样化，主要包括计算机病毒、流氓软件、黑客攻击、网络钓鱼和系统漏洞等。

1. 计算机病毒

计算机病毒是编制者在计算机程序中插入的用于破坏计算机功能或者数据的代码，是能够影响计算机使用，并能进行自我复制的一组计算机指令或者程序代码。一旦感染了病毒，计算机中的程序将受到损坏，并且病毒还能非法盗取用户信息，使用户权益受到损害。例如，手机感染木马病毒后，木马病毒可以窃取用户的银行卡信息，造成用户的资金损失。

> **专家指导**
>
> 不仅计算机容易受到病毒的侵害，手机也容易感染病毒。一般手机病毒可以通过浏览短信、查看电子邮件、浏览网站、下载铃声和应用蓝牙等方式进行传播，可能导致手机关机、死机、自动拨打电话、自动发送短信和资料被盗取等情况。

2. 流氓软件

流氓软件是介于正规软件与病毒之间的软件，其目的一般是散布广告。流氓软件一般不会影响用户的正常活动，但可能出现以下 3 种情况。

（1）上网时不断有窗口弹出。

（2）浏览器被莫名修改并增加了许多工作条。

（3）在浏览器中打开网页时，网页会变成不相干的其他页面。

流氓软件一般是在用户根本没有授权的情况下强制安装的，出现上述情况时用户需要提高警惕，尽快清除网页中保存的账户信息资料，并通过安全管理软件进行清除。因为流氓软件会恶意收集用户信息，并且不经用户许可卸载系统中的非恶意软件，甚至捆绑一些恶意插件，造成用户资料泄露、文件受损等。

3. 黑客攻击

黑客是一群专门利用计算机网络破坏或入侵他人计算机系统的人。黑客会攻击电子商务系统，窃取用户的账号、密码、个人信息等，修改网页，造成交易中断或用户的个人信息泄露等威胁。

4. 网络钓鱼

网络钓鱼是一种通过欺骗性的电子邮件和伪造的 Web 站点来进行网络诈骗的方式。它一般通过伪造或发送声称来自银行或其他知名机构的欺骗性信息来引诱用户泄露自身信息，如银行卡账号、身份证号码和动态口令等。

网络钓鱼目前十分常见，其实施途径多种多样，可通过假冒网站、手机银行和运营商向用户发送诈骗信息，也可以通过手机短信、电子邮件、微信消息和 QQ 消息等形式实施不法活动，如常见的中奖诈骗、促销诈骗等。

5．系统漏洞

系统漏洞是指应用软件或操作系统软件在逻辑设计上的缺陷或错误。系统漏洞容易被不法分子利用，可能引起交易信息泄露等问题。

二、电子商务安全技术

电子商务安全问题一直受到国内外的高度关注，很多人都在努力研发技术，以减小交易的风险，目前已经有不少成熟的电子商务安全技术。

1．防火墙

防火墙技术是针对互联网不安全因素所采取的一种保护措施，其主要是在内部网与外部网、专用网与公共网等多个网络系统之间构造起一道安全的保护屏障，阻挡外部不安全的因素，防止未授权用户非法侵入。

2．数据加密技术

就像谍战剧中传输信息要使用密电一样，在电子商务交易中传输信息也需要使用数据加密技术对信息进行加密，也就是将明文（即可以理解的信息）经过密钥及加密函数的转换，变成密文（即加密的信息）。合法接收方收到密文后，可以通过所掌握的密钥进行解密，从而顺利查看信息。数据加密技术可分为对称加密和非对称加密。

（1）对称加密。对称加密是指加密和解密使用同一把密钥（在将明文转换为密文或将密文转换为明文的算法中输入的参数），其原理如图7-1所示。在对称加密过程中，信息的发送方（A方）和接收方（B方）拥有同一把私有的密钥（也叫私钥），这把密钥既是信息的加密密钥，又是信息的解密密钥。对称加密计算量小，最大的优势是加密、解密速度快，目前已被广泛应用于电子文件的加密。

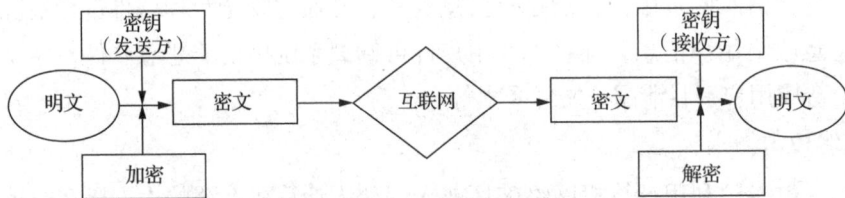

图 7-1　对称加密的原理

（2）非对称加密。非对称加密是指加密和解密使用不同的密钥，即加密使用公开的密钥（也叫公钥），解密使用私钥，其原理如图7-2所示。非对称加密时，信息的发送方（A方）用公钥加密信息，信息的接收方（B方）使用私钥解密，私钥只能由一方妥善保管，不能泄露，而公钥则可以向请求它的任何人发送。非对称加密的优点是安全性高，使用灵活，密钥数量较少，密钥管理和传输难度不大；缺点是加密和解密效率低。目前常见的数字证书采用的就是非对称加密。

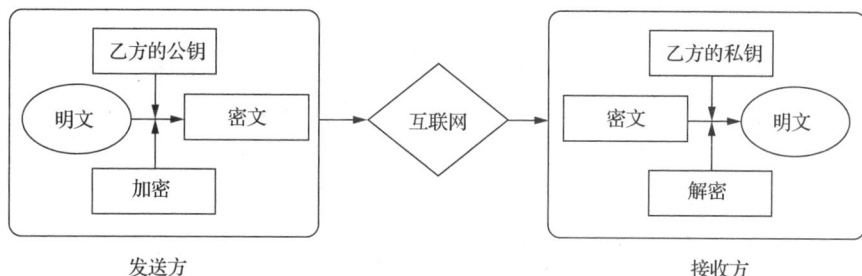

图 7-2 非对称加密的原理

3. 电子商务认证技术

认证技术主要用于验证电子商务活动对象是否属实与有效。常见的电子商务认证技术主要包括身份认证技术、数字摘要、数字信封、数字签名和数字时间戳等。

（1）身份认证技术。身份认证技术是一种用于鉴别、确认用户身份的技术，能通过认证用户的身份，判断用户是否具有对某种资源的访问和使用权限，以防止非法用户攻击系统。身份认证可通过基于口令方式的身份认证（如常见的由数字、字母、特殊字符等组成的密码）、基于标记方式的身份认证（如身份证）、基于个人生物特征的身份认证（如声音、指纹、人脸特征）等方式实现。图 7-3 所示为指纹识别。

图 7-3 指纹识别

（2）数字摘要。数字摘要是指将任意长度的消息变成固定长度的密文，通俗地说，它就像是一份数据的指纹。数字摘要可以用于证实消息来源的有效性，防止数据被伪造和篡改。在传输信息时将数字摘要加入文件一并传送给接收方，接收方收到文件后，使用相同的方法进行变换运算，若得到相同的数字摘要，则可以判定文件未被篡改。

（3）数字信封。数字信封是一种结合了对称加密技术与非对称加密技术来进行信息安全传输的技术。通俗地说，数字信封类似于用密封的信封寄送私人信件，只有规定的特定接收方才能阅读信件内容。

（4）数字签名。数字签名是附加在数据单元（即网络信息传输的基本单位）上的一些数据或对数据单元所做的密码变换，可以简单地理解为数据单元上的签名。如同人们在纸质文件上的签名一样，数字签名可以帮助数据单元的接收方判断数据的来源，防止数据被篡改。

（5）数字时间戳。数字时间戳是第三方提供的可信赖且不可抵赖的时间戳服务，可防止成功参与交易的各方抵赖或随意修改交易时间，这就类似于在文件上盖了个时间戳，这样任何人都可以看到文件是在什么时候创建或修改的。

4．电子商务安全协议

电子商务安全协议是以密码学为基础的消息交换协议，用于保障计算机网络系统信息的安全传递与处理。常见的电子商务安全协议有安全套接层协议（Secure Sockets Layer，SSL）和安全电子交易协议（Secure Electronic Transaction，SET）。

（1）SSL。SSL 是基于 Web 应用的安全协议，其作用是在信息的发送方和接收方之间建立起安全通道，保护信息在传输过程中不被黑客截取。

（2）SET。SET 是以信用卡为基础的安全电子交易协议，其作用是提供安全的支付环境，通过使用数字证书和加密技术来确保支付交易的机密性和完整性。

三、电子商务安全管理措施

电子商务安全问题是电子商务发展过程中不可避免的一个问题，为了更好地规避风险，需要有针对性地采取安全管理措施。

1．做好日常防范

对于普通用户来说，做好电子商务安全的日常防范十分重要。它可以帮助用户在一定程度上降低安全风险。电子商务安全的日常防范手段如下。

> **课堂讨论：**
> 　　你平时有防范电子商务风险的意识吗？如果有，你都是怎么做的？

（1）安装合适的防火墙与安全防护软件，阻挡来自外界的威胁。

（2）从正规渠道下载应用，如应用官网、正规应用商店（如小米应用商店、华为应用商店、应用宝等）。

（3）在网络中下载的文件、程序或手机应用软件，应经过安全防护软件查杀后再打开。

（4）重要的文件要加密，并进行备份。

（5）密码设置尽量复杂，不要使用生日、身份证号码等容易被破解的密码，养成定期修改密码的习惯。

（6）加强对各个应用的权限管理，选择性地为各个应用开通特定的权限，例如，在手机中为某 App 设置读写手机存储的权限为"仅在使用中允许"。

（7）不要随意连接公众场所的免费 Wi-Fi，特别是在进行输入支付密码等操作时，以防止账号、密码等被窃取。

（8）为计算机或手机开启用户验证（验证方式有密码验证、指纹验证等），计算机端验证场景主要是锁屏解锁，手机端验证场景还包括打开特定 App、打开相册、快捷支付等。

（9）在收到陌生手机号或邮箱发送的信息（尤其是以各种机构或公司官方名义发送的

信息）时，不能随意点击其中的网页链接，并应验证其真伪（可以向相关机构或公司的官方客服求证），发现诈骗信息要及时报警。

2. 建立电子商务安全管理体系

电子商务安全管理体系是指在电子商务活动中，通过采取一系列的管理措施和技术手段，来保护商务信息和交易的安全，防范各种可能的风险。建立完整的电子商务安全管理体系需要做好以下工作。

（1）明确安全职责、权限、工作流程。应明确每个人的安全职责、权限和工作流程，包括制定和实施合适的访问控制措施，确保只有授权人员能够访问敏感信息。同时，建立透明的流程，确保信息的传递和处理受到监管。

（2）加大监管和管理力度。建立严格的信息安全监管体系，包括定期的安全审计、监控和漏洞扫描，以及时发现潜在的安全问题。

（3）及时发现和处理存在的安全问题。建立响应计划，以便在发现安全问题时能够迅速采取行动。

（4）培训和教育。对员工进行定期的安全培训和教育，提高其对安全威胁的认识，教导其进行正确的安全实践。

任务二　电子支付

电子支付是指通过电子手段完成货币支付的方式。电子支付具有方便快捷、安全可靠、便于管理的特点。它在推动商业发展、促进消费、提高支付效率等方面发挥着重要作用。电子支付的支付形式有多种，包括网上银行支付、第三方支付、移动支付等。

一、网上银行支付

网上银行又称网络银行、虚拟银行或在线银行，是指金融机构利用网络技术在互联网上开设的银行。网上银行实质上是传统银行业务在网络中的延伸，它以互联网作为交易平台和服务渠道，为用户提供开户、销户、查询、对账、转账、信贷、网上证券和投资理财等全方位服务。

网上银行支付是比较常用的电子商务支付方式，它允许用户通过互联网和相关银行系统进行在线交易。下面以中国工商银行（以下简称工行）为例，介绍其网上支付流程。

（1）用户在电子商务平台浏览商品，提交订单。

（2）用户向工行提交订单数据，并确认使用工行网银支付。

（3）工行网银系统接收该订单，审核订单和用户信息，审核通过后显示支付页面。

（4）用户在支付页面输入卡号、支付密码和验证码进行支付。

（5）用户确认后，工行进行支付。

（6）工行完成支付，将支付结果显示给用户。

二、第三方支付

在电子商务交易中，买卖双方无法面对面交易，同时所购买的货物从商家转移至用户需要一定的时间和成本。这样会带来一定的交易风险，在该背景下，第三方支付应运而生。第三方支付是指具备一定实力和信誉保障的非银行机构，借助通信、计算机和信息安全技术，采用与各大银行签约的方式，连接用户与银行支付结算系统的电子支付模式。作为中介方，第三方支付平台并不涉及资金的所有权，只是承担资金中转责任。

1. 第三方支付的交易流程

在电子商务交易过程中，用户支付的资金会暂时存放在第三方支付平台，待用户验收货物后，平台才会将支付款项转至商家账户，这大幅提升了交易的安全性。具体来说，第三方支付的交易流程如下。

（1）用户选购商品后，使用第三方支付平台账户支付货款。

（2）第三方支付平台收到货款后，通知商家货款到账并要求商家发货。

（3）用户收到货物后，向第三方支付平台确认收货。

（4）第三方支付平台将款项划至商家账户。

2. 主要的第三方支付平台

提起第三方支付平台，人们第一时间想到的就是国内两大相关企业——支付宝和财付通。

（1）支付宝。支付宝是阿里巴巴旗下的第三方支付平台，致力于提供"简单、安全、快速"的支付解决方案。支付宝适用的场景包括转账，信用卡还款，水电缴费，电影演出购票，购买基金、股票、理财产品等。

（2）财付通。财付通是腾讯公司于2005年9月推出的第三方支付平台，依靠腾讯公司旗下的微信和QQ所积累的用户优势，占据了较高的市场份额。财付通的核心产品是微信支付，其是集成在微信App上的支付功能。

三、移动支付

随着智能手机和移动互联网的普及，移动支付已经成为人们生活的一部分。在线上平台，人们选好商品后，轻轻一点就能完成支付，将想要的东西买回家；而在线下，无论是打车、吃饭，还是超市购物等，都可以使用移动支付。

1. 移动支付的特点

移动支付是移动互联网时代的产物，可以超越时间、地域的限制，为用户带来很多便利。具体来说，移动支付具有以下特点。

（1）支付便捷。移动支付打破了传统面对面现金支付的时空限制，用户可以随时随地通过手机完成各种支付活动，用户出门可以不用带钱包，商家也不用找零。

（2）个性化设置。用户可以根据自己的消费方式和习惯进行支付设置。例如，用户如果认为输密码或指纹验证麻烦，就可以为自己信任的应用设置小额免密支付，这样在付款金额小于等于一定金额时，就无须输入支付密码。图7-4所示为在拼多多中设置小额免密的界面。

（3）融合多种服务。移动支付融合了购物、娱乐、交通等生活相关服务（见图7-5），用户在乘坐公共交通工具、购买电影票、商店购物、租借充电宝等场景中均可使用移动支付。

图 7-4　设置小额免密　　　　图 7-5　移动支付融合的服务

（4）资金安全。移动支付采用高安全级别的智能卡芯片，同时以数字签名和数字证书为核心技术，可以有效保障支付环节的有效性、可靠性和安全性。

素养提升

目前，我国的移动支付普及率达到了86%，居全球第一。这表明我国在移动互联网、移动商务等相关技术领域具备较强实力。未来，移动支付市场将进一步下沉，在助力小微企业发展、服务"三农"、提升农村市场的消费潜力方面发挥较大作用。

2. 移动支付的方式

随着二维码、指纹识别、人脸识别等技术的成熟，移动支付的方式越来越多，目前来看，应用广泛的有以下几种。

（1）扫码支付。扫码支付是通过扫描条形码或二维码读取支付地址，调用手机钱包软件完成支付和资金的转移。扫码支付既可以由商家扫描用户的付款码，如图7-6所示，也可以由用户扫描商家给出的收款码，如图7-7所示。

（2）指纹支付。指纹支付是采用已成熟的指纹系统进行身份认证，从而完成消费过程的一种新型支付模式。一旦开启指纹支付，用户在进行支付和转账时，就无须再输入密码，只需在手机上按压指纹进行验证即可。

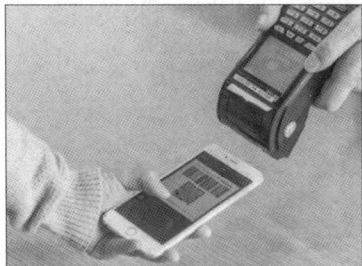

图 7-6　商家扫描用户付款码

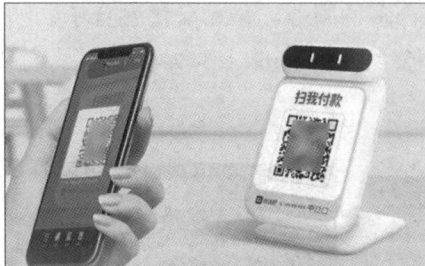

图 7-7　用户扫描商家收款码

（3）NFC 支付。NFC 支付是指用户在支付时采用近距离无线通信技术在手机等手持设备中完成支付行为。NFC 支付需要在线下面对面完成，通常只需要将手机等支付设备在 NFC 识别区域"碰一碰"即可，如图 7-8 所示，不需要使用无线网络。

（4）刷脸支付。刷脸支付是基于人脸识别系统的支付方式，用户使用刷脸支付时不用打开手机 App，只需面对刷脸支付设备的摄像头即可快速完成支付，如图 7-9 所示。

图 7-8　NFC 支付

图 7-9　刷脸支付

> **专家指导**
>
> 随着移动端技术的完善，主流的第三方支付平台财付通、支付宝纷纷推出了自己的移动支付平台，即微信支付和支付宝 App。二者在移动支付领域也占据了绝对领先优势。

3. 移动支付的场景

随着移动支付渗透到人们生活的方方面面，移动支付的场景也越来越多样化，为人们带来了很多便利。这里主要介绍几个有代表性的场景。

> **课堂讨论：**
>
> 你平时会在哪些场景中使用移动支付？你觉得支付体验如何？

（1）网购。目前用户已经可以利用手机完成网购的全过程，其中自然包括支付环节。用户进入支付界面后只需选择支付方式，通过输入密码或人脸识别等方式验证身份就可以快速完成支付。

（2）小额转账。在日常生活中，个人之间的小额转账是一个常见的场景，如朋友之间的资金往来等。随着移动支付的普及，越来越多的人开始通过手机进行小额转账。这方面的典型代表是微信支付，其提供了群红包、群收款、面对面红包等功能，能满足社交场景中多样化的小额转账需求。

（3）线下商超购物。如今，大多数商超都支持使用移动支付，其中有一部分还引进了无人结账机器，用户只需在设备上扫描商品条形码，再通过手机即可完成支付。

（4）就医。移动支付已覆盖部分医院就医场景，可避免排长队缴费的情况，大大提高了患者就医效率、医院服务效率。例如，就医前患者可以通过扫码进入移动支付界面挂号并支付挂号费，如图 7-10 所示；就医后患者可以直接点击未支付的检查单或药单，支付相关费用。

（5）支付停车费或过路费。在移动支付场景中，支付停车费或过路费非常方便。用户可以通过手机缴纳停车费或过路费（见图 7-11），无须排队等待，整个过程通常只需几秒钟，可以大大减轻交通拥堵程度。

图 7-10　扫码挂号缴费

图 7-11　通过移动支付缴纳停车费

（6）生活缴费。现在，生活缴费业务不需要再去线下营业厅办理，在手机上就可以完成，如缴纳水费、电费、气费、网络费等。图 7-12 所示为在翼支付 App 中进行生活缴费的界面。

（7）交通出行。就公共交通而言，人们可以使用手机来支付公交车、地铁费用，部分地区的地铁还开通了刷脸支付。此外，用户还可使用手机在线"呼叫"附近的网约车，行程结束后系统可自动扣除打车费。图 7-13 所示为微信支付中有关出行服务的界面。

图 7-12　翼支付生活缴费界面

图 7-13　出行服务

> 🖋 **专家指导**
>
> 移动支付的场景还有很多，包括餐厅扫码点餐、理财、预订景点门票/酒店/接送机服务等、缴纳税款、订外卖等，已覆盖生活的方方面面。

📋 任务实施

实训一　体验支付宝支付

【任务背景】

小孙第一次使用支付宝，想要体验支付宝的各项服务，包括开通免密支付、指纹支付，线下门店支付，缴纳电费，使用乘车码乘坐地铁。

【任务目标】

（1）熟悉移动支付的具体使用方法和场景。

（2）能够在支付宝中进行支付设置，并利用支付宝进行线下付款、缴纳电费、乘坐地铁。

【操作步骤】

本实训的操作可以分为以下4个部分。

1. 支付设置

在进行移动支付之前，可以在支付宝中根据自己的支付习惯进行支付设置，以提升支付体验，具体步骤如下。

> **微课视频**
>
> 体验支付宝
> 支付

（1）打开支付宝App，点击底部"我的"按钮，在打开的界面中点击右上角的"设置"按钮，在打开的"设置"界面中选择"支付设置"选项，如图7-14所示，在打开的界面中选择"免密支付/自动扣款"选项。

（2）在打开的"免密支付/自动扣款"界面中选择"付款码免密支付"选项，如图7-15所示，在打开的界面中点击开关按钮，设置付款码免密支付。

（3）返回"支付设置"界面，选择"生物支付"选项，在打开的界面中点击"指纹支付"对应的开关按钮，如图7-16所示。

2. 线下付款

完成支付设置后前往门店，体验扫码支付，具体步骤如下。

（1）在线下找一家展示了收款码的门店，在店中消费。打开支付宝App，点击首页的"扫一扫"按钮，扫描商家展示的收款码，在打开的界面中输入金额，完成付款。

（2）找到支持扫描用户付款码付款的门店，在支付宝App首页中点击"收付款"按钮，打开的"收付款"界面中将会显示付款码，点击下方的"优先使用此付款方式"栏，在打开的列表中点击选择优先的付款方式，包括余额宝、各银行的银行卡等。返回"收付款"界面，将付款码出示给商家，完成付款。

图 7-14 　支付设置　　　　图 7-15 　设置付款码免密支付　　　图 7-16 　设置指纹支付

3. 缴纳电费

在支付宝中缴纳电费需要先绑定户号，并选择所在小区，具体步骤如下。

（1）打开支付宝 App 首页，点击"生活缴费"按钮，在打开的界面中点击"新增缴费"按钮，在打开的面板中选择"电费"选项，如图 7-17 所示。

（2）在打开的"新增缴费"界面的"户号"栏中输入户号，点击"设置分组"下方的文本框，在打开的面板中点击选择所属小区，然后点击"确定"按钮，返回"新增缴费"界面，点击选中下方的"同意《支付宝生活缴费协议》"单选项，然后点击"下一步"按钮，如图 7-18 所示。

（3）在打开界面中的"手机号码"栏中输入手机号，选择缴费金额，然后点击"立即缴费"按钮，如图 7-19 所示。在打开的面板中点击"确认交易"按钮完成付款。

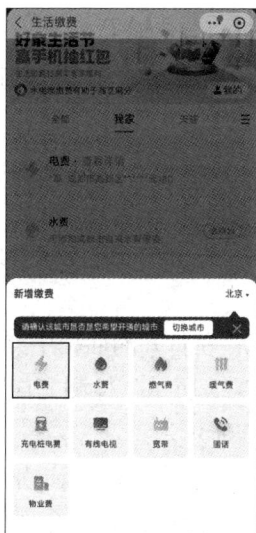

图 7-17 　选择"电费"选项　　　图 7-18 　新增缴费　　　　图 7-19 　选择缴费金额

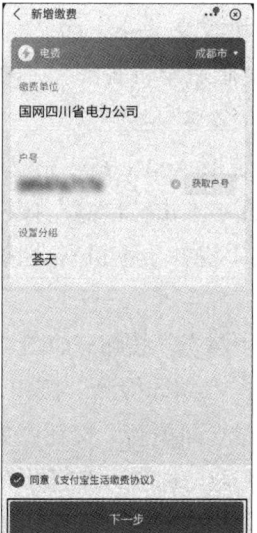

4．乘坐地铁

使用支付宝支付地铁费用的方法很简单：前往地铁站，在支付宝App首页点击"出行"按钮，在打开的界面中点击"地铁"选项卡，在打开的界面中将显示地铁乘车码，将乘车码对准地铁闸机上的扫描区，完成扫码后闸机将打开。出站时使用同样的方法出示乘车码，系统将自动计算地铁费用并扣费。

【总结考核】

总结本次实训的操作过程并回答下面的问题。

（1）本次实训中涉及的移动支付场景有＿＿＿＿＿＿＿＿＿＿＿＿＿＿＿＿＿＿＿＿

＿＿＿＿＿＿＿＿＿＿＿＿＿＿＿＿＿＿＿＿＿＿＿＿＿＿＿＿＿＿＿。

（2）就本次实训而言，移动支付使用＿＿＿＿＿＿＿＿＿＿＿＿技术来验证用户的身份，确保支付安全。

实训二　使用腾讯手机管家维护手机安全

【任务背景】

小宋最近在手机上连接了陌生Wi-Fi，并登录了电子商务平台。电子商务平台及时向小宋发送了风险提示信息，这让小宋意识到自己经常用手机网购，应注意手机端的电子商务交易风险，因此小宋打算使用腾讯手机管家来维护手机安全。

【任务目标】

（1）了解电子商务安全管理的日常防范措施。

（2）掌握使用腾讯手机管家维护手机安全的方法。

【操作步骤】

腾讯手机管家是一款手机安全防护应用，集手机杀毒、安全防护、体检加速、健康优化以及软件管理于一体，为用户提供全方位的手机安全防护。下面使用腾讯手机管家维护手机安全，具体操作步骤如下。

（1）通过正规渠道下载腾讯手机管家App，这里在小米手机自带的应用商店下载。进入应用商店，在顶部搜索框中输入"腾讯手机管家"，搜索框下方将自动显示相关的搜索结果，点击"腾讯手机管家"对应的"安装"按钮。

（2）此时系统将自动下载并安装该App。安装完成后返回手机桌面，点击该App对应的图标，进入该App。在打开的界面中点击"同意"按钮，进入腾讯手机管家App主界面，此时腾讯手机管家App会迅速扫描手机并给手机安全状况打分，点击"一键优化"按钮，如图7-20所示。

（3）在打开的界面中点击"检测+4分"按钮，如图7-21所示。在打开的面板中点击"立即开启"按钮，在打开的界面中点击"立即检测"按钮，如图7-22所示。检测完成后软件会显示结果及优化建议，这里点击"立即更新"按钮，如图7-23所示。

（4）返回主界面，选择"骚扰拦截"选项，在打开的界面中点击"风险短信识别"对应的"开启"按钮，如图7-24所示，在打开的面板中分别点击"同意"按钮和"始终允许"按钮，查看风险短信识别结果，点击"疑似诈骗"选项卡，查看疑似诈骗的短信。

微课视频

使用腾讯手机管家维护手机安全

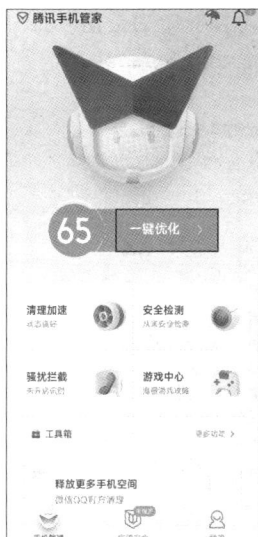

图 7-20 点击"一键优化"按钮　图 7-21 点击"检测 +4 分"按钮　图 7-22 点击"立即检测"按钮

（5）返回主界面，点击底部的"我的"按钮，在打开的界面中点击"立即备份"按钮，如图 7-25 所示。在打开的面板中选中下方的"我已阅读并同意……"复选框，然后点击"微信登录"按钮登录。在打开的界面中点击"允许"按钮，允许 App 获取微信的昵称、头像。

图 7-23 点击"立即更新"按钮　图 7-24 点击"开启"按钮　图 7-25 点击"立即备份"按钮

（6）登录成功后在打开的"权限申请"面板中点击"去授权"按钮，然后分别在打开的面板中点击"仅在使用中允许"按钮，在打开的"备份联系人"界面中已经默认选中了待备份的本地联系人，点击"下一步"按钮，如图 7-26 所示。

（7）在打开的"备份照片"界面中点击需要备份的照片，点击"下一步"按钮，如图 7-27 所示。

（8）在打开的"备份文件"界面中点击选择需要备份的文件，点击"开始备份"按钮，系统将自动备份，在"管家安全云"界面中将显示已备份的内容，如图 7-28 所示。

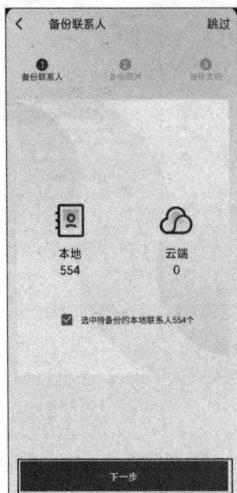

图 7-26　备份联系人　　　　图 7-27　备份照片　　　　图 7-28　已备份的内容

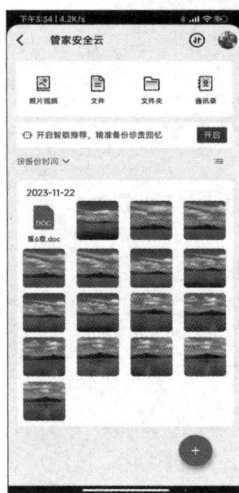

【总结考核】

总结本次实训的操作过程并回答下面的问题。

（1）本次实训中，与电子商务安全管理日常防范措施相关的操作有_____
_____。

（2）除了本次实训中进行的操作，维护手机安全还可以采取的措施有_____
_____。

📖 案例分析

案例一　刷脸就医服务提升患者体验

随着社会的数字化，医疗服务也逐渐迈入智慧时代。在这一趋势下，移动支付作为一种便捷、高效的支付方式，被广泛引入医院场景，以提升患者就医体验。2023 年 7 月，深圳市南方医科大学深圳医院（以下简称深圳医院）推出了智慧医保全程刷脸就医服务。

案例解说

一、刷脸就医的流程

通过医保智慧终端、移动支付和人脸识别技术的深度融合，刷脸就医服务覆盖了挂号、缴费、就诊、检验检查、取药等就诊全流程，旨在增强患者的就医便捷性。具体来说，患者刷脸就医的流程如下。

（1）挂号。在就医前，患者可以在手机上挂号、缴纳挂号费或者通过医院中的医保大终端（见图 7-29）刷脸挂号，然后直接进入等候区等待就诊。

（2）接受问诊。患者进入诊室后，医生通过医保小终端（见图 7-30）对患者进行刷脸识别，核实患者身份。医生根据患者病情开出检验/检查单或处方单，系统会自动推送消息，通知患者相关费用待支付。

（3）支付费用。针对待支付费用，患者有两种支付方式：一是直接在导诊台的医保大终端进行医保刷脸支付；二是在手机端完成线上医保支付。

（4）前往检查。若患者需要做多项检查，智能陪诊助手会主动为患者推送当前最优检查路径，引导患者前往相应的检查检验区域。

（5）查看/打印电子报告。报告生成后，患者可以通过智能陪诊助手推送的微信提醒，进入手机端查看电子报告。患者如需打印报告，可在医保大终端前完成医保刷脸后，获取报告打印的待办事项。

（6）药品缴费与取药。完成检查后，若医生为患者开了药品，智能陪诊助手会主动向患者推送药房地址导航、取药窗口及当前排队状态、用药指引等信息。

图 7-29　医保大终端　　　　　　　　图 7-30　医保小终端

二、刷脸就医服务的特点

刷脸就医服务是移动支付、人脸识别技术在医疗服务领域的创新应用，具有以下特点。

1. 身份识别便捷

该服务应用了人脸识别技术，患者通过刷脸就能验证身份并查询就诊情况（如缴费、检查、拿药等），实现患者身份的迅速、准确识别，提高了患者就医的便捷度。

2. 支付流程简化

该服务结合了医保业务和移动支付应用，让患者能够通过手机或仅通过刷脸就完成支付，避免了排队缴费的情况，使支付更加便捷。

3. 主动式服务

刷脸就医服务系统会及时、主动地推送待办业务，如诊前提醒、待缴费提醒、地址导航等，减少了患者的操作步骤，同时智能陪诊助手会全流程陪伴患者完成就医。

4. 无纸化/数字化

刷脸就医服务充分体现了无纸化和数字化的特点，通过刷脸身份认证、在线支付、电子病历、电子报告等方式，实现了医疗服务全流程的数字化操作，让患者无须携带传统医保卡等身份证明以及纸质单据，就能获得更高效的就医体验。

三、推出刷脸就医服务的意义

刷脸就医服务在深圳医院取得了显著成效，患者普遍感受到了该服务的便捷性和高效性，他们表示这一服务大大减少了就医过程中的烦琐步骤，使医疗服务更加人性化。通过创新性的应用，医疗服务进入"刷脸时代"，为未来医疗智能化发展奠定了基础。这一案例为其他医院提供了有益的经验，促使医疗机构加强智能化建设，不断优化患者就医流程，提高服务水平，从而真正实现"患者少等待、少跑路"的目标。

四、案例思考

（1）刷脸就医服务采用了什么认证技术，具体是如何应用的？

_____

_____

_____

（2）刷脸就医服务中，移动支付发挥了什么样的作用？

_____

_____

_____

案例二　国内领先的移动支付平台——微信支付

作为国内领先的移动支付平台，微信支付一直致力于为个人用户提供多种便民服务和应用场景，为各类企业以及小微商户提供专业的收款能力、运营能力、资金结算解决方案，以及安全保障。

案例解说

一、微信支付的发展历程

2013年8月5日，微信推出了5.0版本，正式开启微信支付。微信用户只需绑定自己的银行卡，就可以输入微信支付密码，完成快速支付操作。同年，微信支付开始在线上和线下进行推广。通过接入"摇摇招车"，微信支付逐渐拓展了支付场景。

2014年1月27日，微信支付推出微信红包，提高了用户对微信支付的认知度，为用户提供了一种新颖的支付方式。此后，微信支付不断推出新产品和功能，包括好友转账、零钱功能、面对面收钱、刷卡、卡包功能等，逐步完善了微信支付生态。

2016年，微信支付团队进行了升级，推出面对面账单、资金流系统升级、微信找零等产品。2017年9月，微信支付接入公交支付，拓展了支付的应用场景。

2019年8月，微信支付发布创新型智能商业硬件"微信青蛙Pro"，该硬件搭载扫码器和双面屏，意在建立门店智能硬件与微信大生态的紧密连接。

2020 年 6 月，微信支付发布"全国小店烟火计划"，为所有使用面对面收款的微信支付小微商家提供支持，并上线"商家小程序"，帮助线下小微商家零开发、无门槛地打造专属线上店铺，帮助他们快速实现线下线上生意的融合。

2022 年，微信支付正式推出青少年模式支付限额功能，包括每日消费限额和单次消费限额。

总体而言，微信支付在发展历程中始终致力于提供简单、快速、安全的支付解决方案。通过不断创新和拓展支付场景，微信支付从最初的线上支付延伸到线下，形成了完整的支付生态系统，为用户提供了丰富多样的支付体验。

二、微信支付快速发展的原因

微信支付自 2013 年推出以来，在不到 10 年的时间内，就与支付宝一同占据了移动支付的绝大多数市场份额。微信支付之所以能够快速发展，主要有以下几个原因。

（1）微信用户规模庞大。根据腾讯财报，截至 2023 年 6 月 30 日，微信和 WeChat 合并月活跃账户数为 13.27 亿，这为微信支付提供了巨大的用户基础。

（2）微信支付拥有丰富的支付场景。微信支付通过多种方式拓展了支付场景，如通过二维码扫码支付、刷脸支付等。这些支付方式使得微信支付能够渗透到各个消费领域，包括线上购物、线下实体店消费、生活缴费等。这种多样化的支付场景使得微信支付更加便捷和普及。

（3）商家将微信支付作为营销工具。微信支付不仅方便了用户，也为商家提供了一种新的营销工具。商家倾向于使用微信完成整个交易流程，包括与用户沟通交流、商品推广宣传、开展营销活动以及支付交易等环节。微信支付自然成为主要的支付途径，这也促进了其快速发展。

（4）微信支付具有社交优势。微信是人们常用的社交平台，用户可以在微信上与好友分享部分电子商务平台的商品链接，好友点击商品链接后可以直接下单并支付，这使得微信支付能够借助社交网络积累用户。

三、微信支付带来的影响

微信支付自诞生以来，对电子商务行业乃至整个社会都产生了重要影响，主要体现在以下几个方面。

1. 促进小微商家发展

微信支付为小微商家提供了低门槛收款方式，让小微商家不用找零，不需要办理开户等复杂手续，为小微商家的经营带来了便利。同时，微信支付还提供收款记录、经营报表、门店日记等功能以及"商家小程序"，能帮助线下小微商家零门槛地开启线上运营，为小微商家的数字化发展提供了重要的推动力。

2. 冲击传统金融业务

微信支付的便捷性和高效性成为吸引用户的关键。相较于传统金融机构复杂烦琐的手续和流程，微信支付更加简单方便。此外，微信支付还具备多种功能，如微信红包、理财等，进一步增强了用户黏性。

3. 改变消费习惯和生活方式

过去人们购物时需要携带现金或银行卡、在柜台排队结账，这些烦琐的环节十分耗费人们的时间和精力。而有了微信支付，人们只需打开手机扫码或点击即可完成支付，极大地提升了消费的便利性和效率。此外，微信支付还推出了各种优惠活动和折扣券等激励措施，进一步引导用户形成线上消费的习惯。

4. 助推电子商务发展

微信支付作为电子商务平台上主流的支付方式，不仅提供了安全的交易环境，还与很多电子商务平台实现了无缝对接，即用户在电子商务平台提交订单后可以调取微信支付插件，完成支付。这种便利的支付使得越来越多的用户开始接受电子商务。

四、案例思考

（1）微信支付属于哪种支付方式？有哪些优势？

_____

_____

（2）微信支付在发展过程中不断推出新产品和功能，如微信红包、好友转账、零钱等，这种创新对于微信支付的发展有何积极作用？

_____

_____

项目总结

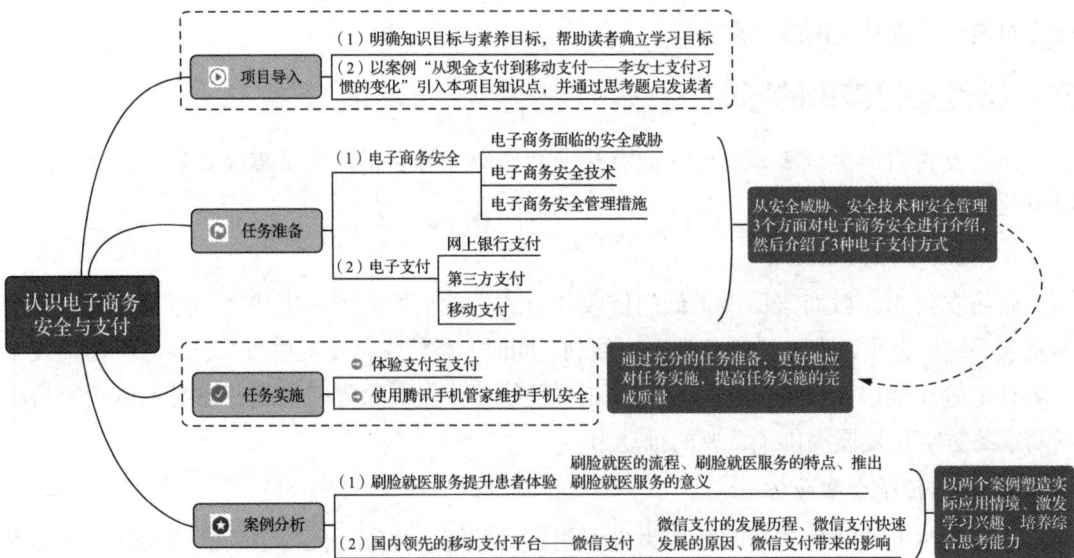

巩固提升

1. 名词解释

（1）防火墙　　（2）第三方支付　　　（3）对称加密

2. 单项选择题

（1）用户身份认证可以采用的认证方式是（　　　）认证。

　　　A. 年龄　　　　　　B. 姓名　　　　　C. 信用卡　　　　D. 指纹

（2）（　　　）是指将任意长度的消息变成固定长度的密文。

　　　A. 数字信封　　　B. 数字时间戳　　C. 数字摘要　　　D. 数字签名

（3）下列各项中，不属于移动支付方式的是（　　　）。

　　　A. 扫码支付　　　B. 刷脸支付　　　C. 指纹支付　　　D. 网银U盾支付

3. 多项选择题

（1）数据加密技术主要包含（　　　）。

　　　A. 对称加密技术　　　　　　　　B. 非对称加密技术

　　　C. 数据保密技术　　　　　　　　D. 数字签名技术

（2）电子商务安全协议主要包括（　　　）。

　　　A. SSL　　　　　B. SET　　　　　C. HTML　　　D. AKS

（3）移动支付的场景有（　　　）。

　　　A. 生活缴费　　　B. 小额转账　　　C. 交通出行　　　D. 就医

4. 思考题

（1）第三方支付的交易流程是怎样的？

（2）常见的移动支付场景有哪些？

（3）SSL、SET分别是什么？有什么作用？

5. 技能实训题

完成以下计算机系统维护的相关操作。

- 在计算机上进入360安全卫士官网，下载并安装360安全卫士。
- 对计算机进行体检，并修复检测出的问题。
- 单击"木马查杀"选项卡，查杀病毒。
- 单击"系统修复"选项卡，修复计算机中的系统漏洞。
- 单击"电脑清理"选项卡，扫描并清理计算机中的系统垃圾与痕迹。

项目八
探索电子商务应用

项目名称：探索电子商务应用	学习课时：10 课时
学习目标	
知识目标	（1）熟悉各类电子商务应用，包括跨境电商、移动电商、农村电商、内容电商、直播电商 （2）能够操作移动电商平台、内容电商平台、直播电商平台
素养目标	（1）熟悉直播电商相关法律法规，提升法律素养 （2）熟悉国家关于实现乡村振兴的相关文件，培养投身乡村建设的责任感

引导案例

跨境电商平台 Temu 助力我国商家"出海"

拼多多集团于 2023 年第三季度发布的业绩报告超出市场预期，其中跨境业务成为提升业绩的重要力量。作为拼多多的跨境电商平台，Temu 为我国商家提供了全方位的服务，助力其顺利进入国际市场。

何某出生于全球最大的日用瓷生产出口基地——潮州，留学归国后她接手了家族的制瓷工厂。该工厂初期只能生产一些简单的商品，后来逐渐能够独立完成从原材料到成品的生产，但依然是为大品牌代工。然而，何某很快发现传统的代工模式受到各方的制约，利润空间也小，自己的工厂迫切需要寻找一种更具活力和盈利空间的商业模式。于是，何某决定打造自己的品牌，将商品销往国际市场。

何某最初尝试在某国际电商平台开店，但由于她不熟悉跨境贸易，因而店铺收益不佳。此时，Temu 在海外上线，为商家提供了包括国内外仓储、跨境物流及售后等全方位服务。在 Temu 上，何某只需将货物通过国内快递运到指定仓库，而网站引流、跨境物流、法务等其他工作均由平台负责。Temu 采用航空运输方式，与商家共同分担运费，极大地提高了运输效率，为新手商家提供了巨大的便利。

通过 Temu，何某成功实现了国际市场的拓展。她认为，Temu 不仅为国外用户提供了新的消费体验，也为国内工厂提供了更多的转型和发展机会。

思考：跨境电商对于何某工厂的转型有何积极意义？

注意事项	
疑难点	跨境电商、移动电商、内容电商、直播电商
资料收集	（1）预习课本内容，做好笔记 （2）通过课本或网络收集电子商务应用的相关资料

📚 任务准备

任务一　跨境电商

微课视频

跨境电商

随着经济与互联网的快速发展，为了实现不同国家（地区）间的商贸合作，跨境电商应运而生。跨境电商构建了开放、立体的多边经贸合作模式，拓宽了企业进入国际市场的道路，同时用户还能通过该模式方便地获取其他国家（地区）的商品。

一、跨境电商的含义

跨境电商是指分属不同海关境界（以下简称为关境）的交易主体，通过电商平台达成交易、进行支付结算，并通过跨境物流送达商品、完成交易的一种国际商业活动。跨境电商下，境内的电商商家可以向境外的用户销售商品，境外的用户也可以通过跨境电商平台购买境外商品。

跨境电商的交易流程与境内电商具有相似性，只是跨境电商的交易涉及更多环节，如海关、税收和跨境物流等。以跨境电商出口为例，其交易流程为：生产商或制造商将商品在跨境电商企业的平台上上线展示，在商品被选购下单并完成支付后，跨境电商企业将商品交付给物流企业进行投递，商品在经过两次（出口方和进口方）海关通关商检后，最终被送达用户或企业手中。跨境电商进口的流程除了与出口流程的方向相反外，其他环节基本相同。跨境电商的交易流程如图 8-1 所示。

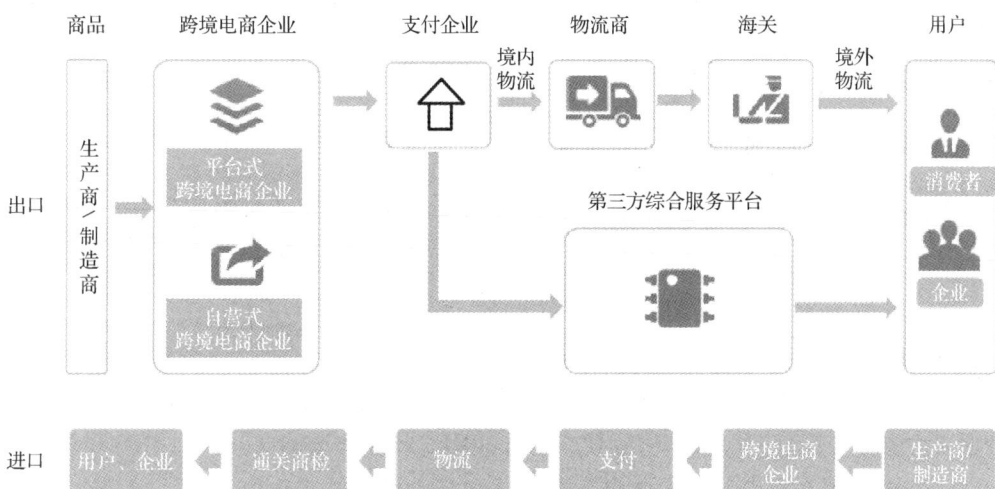

图 8-1　跨境电商的交易流程

二、常见的跨境电商平台

随着跨境电商的蓬勃发展，各个跨境电商平台开始崛起，其中速卖通、敦煌网、天猫国际是所占市场份额和知名度较高的平台。

1. 速卖通

速卖通的全称为全球速卖通（AliExpress），是阿里巴巴旗下面向全球市场打造的在线交易平台，可以简单地理解为国际版"淘宝"，主要针对全球中、小企业。在速卖通平台上，商家可以将商品信息编辑为在线信息发布，用户查看并购买商品后，平台通过国际快递进行货物运输，完成交易。速卖通于 2010 年 4 月正式上线，目前已经发展成为覆盖 220 多个国家和地区的全球较大的跨境电商交易平台。在俄罗斯、巴西、西班牙、加拿大等新兴市场中，速卖通是非常重要和受欢迎的跨境电商平台。

2．敦煌网

敦煌网成立于 2004 年，是中国首个为中、小企业提供 B2B 电商交易的网站，致力于帮助中国中、小企业通过跨境电商平台走向全球市场，为其开辟更加安全、便捷和高效的国际贸易通道。

敦煌网是中小额 B2B 跨境电商的首个实验者，其盈利模式与其他 B2B 电商不同，它主要以在线贸易为核心，通过收取交易佣金的模式进行运营。卖家在敦煌网内进行注册、开店、发布商品都是免费的；而买家购买商品时卖家需要支付一定数量的佣金。

敦煌网的优势在于较早推出增值金融服务，根据自身交易平台的数据为商家提供无须实物抵押、无须第三方担保的网络融资服务。

3．天猫国际

天猫国际是阿里巴巴打造的，为境内用户提供境外原装进口商品的电商平台。天猫国际销售的商品均原产于或销售于境外，通过国际物流正规入关。天猫国际目前有五大商品类目，分别是美妆个护、食品保健、母婴用品、服饰箱包、生活／数码。

> **课堂讨论：**
> 　你在天猫国际上购买过境外商品吗？体验感如何？

三、跨境物流与跨境支付

除了跨境电商平台，跨境电商还包括跨境物流和跨境支付两个组成部分。跨境物流用于运输和送达跨境包裹；跨境支付则用于完成交易双方的跨境转账、信用卡支付和第三方支付等支付活动。

1．跨境物流

与国内物流运输不同的是，跨境物流需要跨越关境，将商品运输到境外。目前常见的跨境物流方式主要有邮政包裹、国际快递、专线物流和境外仓储。

（1）邮政包裹。常用的邮政包裹运输方式包括中国邮政小包、新加坡邮政小包和一些特殊情况下使用的邮政小包。相对而言，邮政包裹价格低，但速度较慢。需要注意的是，邮政包裹不运输含电、粉末、液体的商品，运送的周期也较长，通常要 15 ～ 30 天。

（2）国际快递。国际快递主要是通过国际知名的四大快递公司，即美国联邦快递、联合包裹运送服务（United Parcel Service，UPS）公司、TNT 快递和敦豪航空货运公司来开展业务。国际快递具有速度快、服务好、丢包率低等特点，如通过 UPS 公司从中国寄送包裹到美国，最快 48 小时内可以到达，但价格较高，一般只有在用户要求时才使用该方式发货，且费用一般由用户自行承担。

（3）专线物流。专线物流一般是先通过航空包舱的方式将货物运输到境外，再通过合作公司进行去往目的国家（地区）的派送，具有送货时间基本固定、运输速度较快和运输费用较低的特点。目前，市面上常见的专线物流产品有美国专线、欧美专线、澳洲专线和俄罗斯专线等。整体来说，专线物流能够集中将大批量货物发往某一特定国家（地区），通过规模效应来降低成本，但具有一定的地域限制。

（4）境外仓储。境外仓储是指在其他国家（地区）建立境外仓库，货物从本国（地区）

出口，通过海运、陆运和空运等形式运输并储存到其他国家（地区）的仓库。当用户在网上下单购买所需物品时，商家可以快速响应，通过网络及时通知境外仓库进行货物的分拣、包装，并且将货物从该境外仓库运送到其他国家（地区），大大缩短了物流运输时间，保证了货物安全、及时和快速地到达用户手中。

境外仓储的费用由头程费用、仓储管理费用和本地配送费用组成。头程费用是指货物从境内到境外仓库产生的运费；仓储管理费用是指货物存放在境外仓库期间所产生的费用；本地配送费用是指在境外具体的国家（地区）对货物进行配送产生的本地快递费用。这种模式下运输的成本相对较低、时间较快，是商家普遍采用的一种运输方式。

2. 跨境支付

跨境支付是借助一定的结算工具和支付系统实现资金跨国或跨地区转移的行为。跨境支付是跨境电商必不可少的环节，当买卖双方的交易顺利达成，货物通过跨境物流送达买方，买方确认商品合格后，最终需要进行款项支付。当前，跨境电商的主要支付渠道包括第三方支付平台、商业银行和专业汇款公司。其中，第三方支付平台和商业银行在跨境电商业务中运用较多。第三方支付平台具有操作成本低、办理手续方便、多平台支持等优势，目前已占据跨境支付的主流地位。目前市场上已经有一批实力较为雄厚的第三方支付平台，如 PayPal。

任务二　移动电商

在无线通信技术的带动下，传统的有线电商逐渐发展为移动电商。电商在移动网络中的应用越来越广泛，并成为人们日常生活中越来越重要的一种商务活动。

微课视频

移动电商

一、移动电商的含义与特点

简单来说，移动电商就是使用手机、平板电脑等移动终端进行的电商活动，它完美地结合了互联网、移动通信技术和其他信息处理技术，使人们能够随时随地开展各种贸易活动，如移动购物、移动娱乐和移动金融等。

移动电商经过几次重要的发展，逐步改变了传统商务的消费和交易模式，使"可移动化"的交易、支付活动渗透到人们生活的方方面面。相较于传统有线电商，移动电商具有以下特点。

（1）开放性。移动电商因为接入方式无线化，使得任何人都更容易进入网络世界，从而使网络得以延伸，变得更广阔、更开放。

（2）即时性。移动电商活动不受时间限制，用户不仅可以在移动的状态下进行购物活动，还可以在移动的状态下满足其即时产生的需求，获得相关的信息或服务。

（3）便捷性。移动终端体积小，操作简单，便于用户携带。此外，用户还可以通过移动终端具有的照相、截屏、存储等功能，保存商品的外观图片、支付详情等信息，这些信息都可以在用户购物时通过移动终端得到及时传递和确认。

（4）可定位性。由于移动终端具备全球定位技术，因此通过全球定位技术平台可以对手持移动终端的服务对象进行精准定位。

（5）支付方便。移动电商采用移动支付手段，用户可以随时随地完成支付业务，支付更加方便、快捷。

二、移动电商的应用

移动电商现在涉及的领域非常广泛，包括移动购物、移动金融、移动办公、移动营销、移动教育和移动医疗等方面。

1. 移动购物

随着移动电商的发展，传统电商企业纷纷进军移动市场，如淘宝、京东开发的淘宝App（见图8-2）、京东App。用户下载并安装这些App后，可直接在其中进行网上购物，如购买服装、食品等。除了传统的商品类购物外，车票、机票、电影票和活动入场券等票务购物也逐渐兴起并成为移动购物的一大主要业务。移动购物改变了用户传统的购物方式，为用户提供了更加方便和快捷的服务。

2. 移动金融

移动金融主要包括移动银行、移动股票和移动支付等。

（1）移动银行。用户可以通过网上银行App（如交通银行App）获取金融服务，如账户余额查询、转账付款、话费充值、水电气费缴纳、股市行情查询和股票交易等。

（2）移动股票。用户可以使用同花顺、大智慧等App进行金融信息的查询和浏览，快速掌握金融市场动向。

（3）移动支付。用户可以使用支付宝、云闪付等App进行移动支付。

3. 移动办公

移动办公是通过手机、平板电脑等移动终端中的移动信息化软件与企业的办公系统进行连接，将原本属于公司内部的局域网变为安全的广域网，摆脱传统办公时间和场所的限制，满足随时随地移动办公的需求。移动办公涉及的服务包括短信提醒、远程会议、信息浏览与查询、远程内部办公网络访问等。移动办公有效地解决了企业管理与沟通方面的问题，使企业整体运作更加协调。移动办公软件的典型代表是腾讯会议和钉钉。

4. 移动营销

电子商务业务向移动终端的转移带动了营销的移动化，商家通过移动营销可以更加快速、便利地进行信息传递和与用户互动，更快地抢占移动互联网市场，促进消费市场的线上线下整合。移动营销具有目标群体明确、信息传递及时和互动性强等特点，是目前非常流行的营销模式，如微博营销、微信营销等。

5. 移动教育

移动教育打破了传统教育的局限性，用户可以通过各种移动教育App，利用零散时间进行碎片化学习。移动教育App教育资源丰富，且交互功能强大，可以自动跟踪记录用户的学习过程，满足个性化学习需求。移动教育 App 的典型代表有网易云课堂、腾讯课堂（见图 8-3）、中国大学 MOOC 等。

6. 移动医疗

移动医疗通过移动互联网技术平台提供医疗健康服务，其应用主要包括移动医疗 App 与可穿戴设备两个部分。

（1）移动医疗 App。目前，移动医疗可以提供健康档案、在线咨询、远程诊疗、挂号预约和个性化健康计划等功能，为用户提供全方位、便捷的医疗服务。目前典型的移动医疗 App 有平安健康（见图 8-4）、春雨医生等。

图 8-2　淘宝 App

图 8-3　腾讯课堂

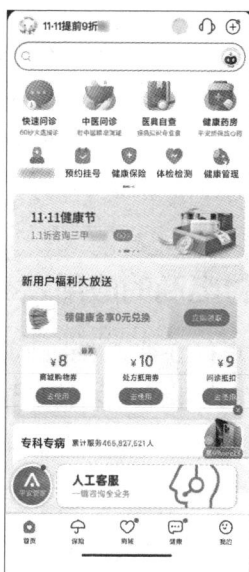
图 8-4　平安健康

（2）可穿戴设备。可穿戴设备，如智能手表和健康手环，通过内置传感器监测用户的生理指标，包括心率、步数、睡眠质量等，实时采集数据，并基于采集到的数据为用户提供健康提醒，如定时运动和饮水提醒。同时，其还允许用户通过相应的移动应用程序查看个人健康报告，实现全面的健康管理。

任务三　农村电商

随着互联网时代的到来，各种传统行业都不可避免地受到互联网的冲击，与互联网结合、拥抱信息化的发展趋势是很多传统行业的当务之急，农业也不例外。在这样的背景下，农村电商应运而生。

微课视频

农村电商

一、农村电商的含义

农村电商是指利用互联网（包括移动互联网），通过计算机、移动终端等设备，采用多媒体、自媒体等现代信息技术，帮助涉农领域的生产经营主体（如生产农产品的农民、经营农产品的企业等）在网上完成商品或服务的销售、购买和电子支付等业务的过程。

农村电商是与农业、农产品相关的电子化交易和管理活动，属于电商在农村地区的应用。农村电商一方面有助于解决农产品生产、流通、销售、安全等方面的问题，促进农村地区的发展，另一方面能让农民享受到现代电商的便利与实惠。

素养提升

党的二十大报告指出："全面建设社会主义现代化国家，最艰巨最繁重的任务仍然在农村。"近年来，国家始终将乡村振兴作为重点工作，农村电商也得到大力扶持。例如，2022年中央一号文件就提出，鼓励各地拓展农业多种功能、挖掘乡村多元价值，重点发展农产品加工、乡村休闲旅游、农村电商等产业。当代大学生要意识到乡村拥有巨大的发展空间，努力学习农村电商的相关知识，积极为社会做出贡献。

二、农村电商的应用

农村电商在近年来得到了迅速发展，成为推动农村经济和农业现代化的重要工具。其核心价值在于将互联网技术与农业生产、加工、流通等环节相结合，从而提升农业生产流通效率。农村电商的应用越来越丰富，主要涉及以下方面。

1. 农资电商

农资电商主要通过在线平台提供农业生产所需的种子、化肥、农药等产品。农民可以通过网络方便地浏览、比较和购买各类农资产品，实现一站式采购。这提高了获取农业生产资料的效率，同时为农资生产商和经销商提供了更广泛的市场。目前我国主要的农资电商平台有淘农网、惠农网等。

2. 农村旅游电商

农村旅游电商将农村特色的旅游资源通过在线平台进行推广和销售。农村旅游电商平台提供方便的线上预订服务，包括农家乐、乡村民宿等，游客可提前了解并预订，提高出游的便捷性。此外，一些农村旅游电商平台通过推广农村独特旅游资源（如自然风光、民俗文化），并策划特色活动，如种植地参观、水果采摘等，吸引更多游客前往。图8-5所示为乐乡游旅行网的乡村旅游项目。

图8-5 乐乡游旅行网的乡村旅游项目

3. 农产品电商

农产品电商致力于将农村生产的优质农产品推向城市，乃至全国市场。农产品电商通过建立电商网上交易平台，可以使农产品的流通组织化、规模化，为供求双方提供直接交易的机会，大大减少中间环节，降低交易成本，从而获取价格上的优势。这种模式促进了农产品的流通，拓宽了农民的销售渠道，同时也为城市居民提供了更多的购物选择。

4. 农村金融电商

农村金融电商是指在农村地区运用电商平台和技术手段，提供各类金融服务和产品，包括小额贷款服务、农村支付服务、理财产品销售、金融教育与培训等。农村金融电商的推广有助于解决传统金融机构难以覆盖的农村金融需求问题，促进农村金融的创新和普及，同时为农民提供更便捷、安全、高效的金融服务。

三、常见的农村电商平台

当前农村电商平台很多，这里主要介绍京东生鲜、乐村淘、叮咚买菜、惠农网。

1. 京东生鲜

京东生鲜（见图8-6）隶属于京东商城，专注为用户提供水果蔬菜、海鲜水产、肉禽蛋奶、速冻冷饮等生鲜食材。京东生鲜依托京东物流优势，不断升级优化冷链物流，实现生鲜农产品的全物流链控温配送，保障运输过程中农产品的新鲜度。京东生鲜物流配送体系覆盖超过300个城市，在全国各地拥有多个全温层冷库，形成完整的冷冻链，可将农产品快速送至用户手中。同时，京东生鲜还在农产品原产地建立协同仓，实现农产品从产地直发。

图 8-6　京东生鲜

2. 乐村淘

乐村淘是一家聚焦农村、服务于农民的农村电子商务平台（见图8-7），专注于解决农村"买难卖难"的痛点。通过在村镇建立线下体验店，乐村淘将城市生产的商品带进农村，让农民也能拥有便捷、实惠的购物体验，提升农民的生活品质。同时，乐村淘也为农民自己生产的农产品、手工艺品、民间艺术品提供交易平台，帮助农民拓宽销售渠道。此外，乐村淘还开展了创新业务，如乐6集、特色馆、乐县域等，以推动农村电商的发展。

图 8-7　乐村淘

3. 叮咚买菜

叮咚买菜是一家自营生鲜电商平台，由上海壹佰米网络科技有限公司开发并运营。它致力于为用户提供便利的购物体验，而且品类全面、即需即达（最快 29 分钟送达）。

叮咚买菜的主要商品包括蔬菜、豆制品、水果、肉禽蛋、水产海鲜、米面粮油和休闲食品等。此外，为满足用户的需求，该平台还推出了物美价廉的自有品牌商品。

4. 惠农网

惠农网是由湖南惠农科技有限公司推出的 B2B 网站（见图 8-8），该平台自 2013 年 9 月上线以来，一直致力于为农村用户提供服务，并为农产品提供供销渠道。它包含果蔬种植、养殖水产、园林园艺、副食特产、农资供应五大类目，基本涵盖全国各品类农产品。

用户不仅可以在平台上免费发布农产品供求信息，了解中国农产品价格行情，进行农产品批发和交易，还可以及时获取最新的农业政策和新闻等。

图 8-8　惠农网

任务四　内容电商

随着移动互联网的发展以及社交平台、短视频平台等的兴起，用户获取信息和娱乐的方式发生了改变，用户对于有趣、富有创意和有深度的内容的需求也逐渐增加。同时，用户在购物时也更倾向于通过有价值的内容而非直接的推销来了解商品。在这样的背景下，内容电商诞生了。

微课视频

内容电商

一、内容电商的含义

内容电商是指通过提供有吸引力和有价值的内容，激发用户的购买欲望，从而达到销售商品或服务的目的的一种商业模式。内容电商是在传统货架式电商（侧重于商品的展示和交易）陷入瓶颈期后，发展起来的新营销模式。内容电商与传统货架式电商的区别主要体现在以下 3 个方面。

1. 流量来源

传统货架式电商主要依赖商品吸引流量，以关键词优化和投放广告为获取流量的主要手段。内容电商以富有感染力的内容来吸引对该内容感兴趣的用户，通过内容来获取用户信任。例如，美妆品牌与知名美妆博主合作推广一款粉底，美妆博主发布短视频，展示粉底的使用效果并间接植入粉底购买链接。由于美妆博主的短视频十分具有参考价值，该短视频获得了大量的点赞，进而源源不断地获得新流量，也为美妆品牌引来了大量精准流量。

2. 消费心理

传统货架式电商中，用户往往带有明确的购买意向，注重商品的价格、性能等理性因素。而在内容电商中，用户在浏览信息时往往带着消遣娱乐/社交的目的，并没有强烈的消费心理，更注重感性需求，较少考虑商品的理性因素，更愿意为情感体验付费。例如，用户在观看植入商品广告的搞笑短视频时，一开始主要是为了娱乐，但在观看过程中被短视频的搞笑剧情吸引，对出镜的短视频博主也产生好感，不知不觉中对博主推荐的商品也产生了认同，进而做出购买行为。

3. 购物体验

传统货架式电商的购物流程相对简单，用户通过搜索和比较商品信息，将商品加入购物车并完成支付即可，参与度不高。而内容电商则借助内容为用户提供了更丰富的购物体验，例如，用户观看与商品相关的短视频后可以点赞、下单，可以在评论区发表自己的意见，在收货后还可以主动发布短视频反馈商品的使用体验。

二、内容电商的核心要素

在内容电商中，优质的内容是吸引用户关注并提高商品销量的关键因素。内容电商主要涉及两个核心要素：内容生产者和优质内容。

1. 内容生产者

内容生产者是指那些能够创作和制作吸引目标用户的内容的个人、团队或机构。在内容电商中，其可能是关键意见领袖（Key Opinion Leader，KOL）、社交媒体达人、自媒体作者、专业内容生产团队等。内容生产者扮演着重要角色，因为他们的内容质量、吸引力和影响力直接影响着用户的参与度和购买意愿。他们需要具备良好的内容创作能力，要对目标用户足够了解，并善于与用户互动，获得用户信任。

> **课堂讨论：**
> 你是否关注过 KOL、自媒体作者等内容生产者？他们在平台上发挥了什么作用？

2．优质内容

优质内容是内容电商成功的基石。优质内容能吸引用户，激发用户的兴趣和情感共鸣，使他们产生购买欲望。优质内容往往需要精心的策划与制作，投入一定的时间、资源，融入创造力。优质内容的涉及面很广，包括生活经验、购物窍门、深度文章、时事评说、热点观察、精彩故事等，而这些内容均可以使用图文、视频、语音等形式进行呈现。

至于商品在内容中的呈现，主要有直观展示和软植入两种方式。前者主要是通过直播、短视频等直观地展示商品的特点、使用方法、使用场景、使用体验等，使用户更全面地了解商品。后者将商品巧妙地融入内容中，使之自然而不突兀地出现。图8-9所示的文章就采用了软植入的方式对储油壶进行推广。文章从制作烧茄子的方法讲起，详细介绍烧茄子的制作步骤，并将储油壶作为存储多余油的道具进行植入，同时插入商品链接，引导用户购买。

图8-9　软植入商品

三、常见的内容电商平台

当前内容电商已经成为电商的新发展趋势，各大内容电商平台层出不穷，其中既有传统电商推出的内容电商平台，如淘宝逛逛，也有内容平台接入电商功能后形成的内容电商平台，如小红书、蘑菇街等。

1．小红书

小红书是当前热门的内容电商平台，它利用兴趣社区模式，为用户创造了一个交流平台。在小红书中，用户可以分享与生活、购物相关的内容，在真实的交流氛围中为他人"种草"。另外，很多网络达人、品牌也纷纷入驻小红书，借助优质的内容开展营销。

2．淘宝逛逛

淘宝逛逛是内嵌在淘宝App中的内容平台，是淘宝从传统货架式电商升级为内容电商的主阵地。它汇集了众多淘宝商家、网络达人、自媒体博主以及普通用户，以图文、短视频、直播等形式为用户提供"种草"内容。此外，淘宝的买家秀、商品评价等内容也为淘宝逛逛提供了丰富的内容资源。

3．蘑菇街

蘑菇街成立于2011年，最初是一个女性分享导购网站，通过图文内容吸引用户，并在内容中植入淘宝商品链接，进而从商家处获得提成。之后，蘑菇街自建交易平台，品类包括衣服、鞋子、箱包、配饰和美妆等。当前，蘑菇街把重心放在了直播内容的打造上，不仅扶持了大量专业时尚导购主播开展直播，还通过直播切片的形式为用户"种草"相关商品。

任务五　直播电商

近年来，网络直播逐渐兴起，各种网络直播平台层出不穷，观看网络直播成为很多人主要的娱乐方式。根据中国互联网络信息中心（China Internet Network Information Center，CNNIC）、中商产业研究院的数据，截至 2023 年 6 月，我国网络直播用户规模达 7.65 亿人，占网民整体的 71.0%。其中，电商直播用户规模为 5.26 亿人，占网民整体的 48.8%。在这样的背景下，直播电商的发展十分迅猛。

一、直播电商的含义与特点

直播电商源于网络直播，是指在电商环境下将直播作为媒介，以促进商品或服务的购买与以销售为目的的电商商业模式。在直播电商中，主播通过直播平台展示商品的特性、使用场景，与用户进行实时互动，解答疑问，促成购买行为。用户可以直接在直播过程中点击购买链接完成下单，实现即时购物。

直播电商是借助直播这一媒介所开展的电商活动，因此拥有直播所具备的实时性、真实性、直观性、互动性四大特点。

（1）实时性。直播电商的最大特点是实时性，直播过程与交易事件的发生、发展完全同步。这种实时性解决了信息滞后的问题，使得用户可及时获取最新商品和服务信息。

（2）真实性。在传统网购方式中，用户接触到的信息都是经过商家事先包装、美化的信息，直播电商则提供了更加真实的购物体验。主播现场展示商品，用户可以真切地了解商品的实际效果和质量。

（3）直观性。相较于文字和图片，直播更加直观。在直播过程中，商家能够全方位地展示商品，不仅可以将商品的设计细节直观地呈现出来，还可以示范商品的使用方法和技巧。例如，就服饰而言，在直播过程中，商家会在直播间标注试穿人的真实身高、体重等数据，以便用户根据试穿人的身材数据及试穿结果判断服饰是否适合自己。

（4）互动性。与传统的商品展示相比，直播电商具有很强的互动性。例如，用户在观看直播时可以发送弹幕，与主播实时互动，或者与其他观看直播的用户互动。

二、直播电商的类型

随着直播电商的发展，直播电商开始呈现多样化发展态势。按照不同的分类标准，可以对直播电商进行不同的分类。

1. 按照直播形态分类

按照直播形态，直播电商可分为卖货型直播、教学型直播、供应链型直播、场景引入型直播 4 类。

（1）卖货型直播。卖货型直播主要是通过直播展示商品，强调商品的特点和使用效果，以促使用户购买，涵盖服装、美妆、食品等多个品类。

（2）教学型直播。教学型直播以教学、演示为主要内容，通过直播向用户传授知识、技能，如服装穿搭直播、化妆技巧直播，同时展示商品的使用方法和效果。图8-10所示的直播即为卤味制作教学。

（3）供应链型直播。供应链型直播是指通过对生产现场的直播，展示商品的生产、制作、分拣过程，强调商品的原产地、生产工艺等，以提高用户的信任度。图8-11所示的直播展示的是草莓分拣现场。

（4）场景引入型直播。场景引入型直播通过创造生活场景或故事情境，如家居布置、户外活动等，将商品自然地融入场景，以引发用户对商品的兴趣。

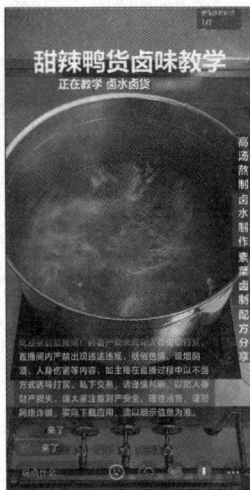
图 8-10 教学型直播

图 8-11 供应链型直播

2. 按照直播商品来源分类

按照直播商品来源，直播电商可分为企业自播和达人直播两类。

（1）企业自播。企业自播即由企业组织或雇用专业主播进行直播，旨在推广和销售企业自有品牌的商品。这类直播注重品牌形象宣传，展示企业文化、商品优势，推动品牌整体销售。

（2）达人直播。达人直播即由网络达人或专业主播进行直播，销售自身品牌或与其合作品牌的商品。达人直播依托个人魅力和粉丝基础，直播商品多样化、品类丰富，粉丝对主播的信任度较高。

> **素养提升**
>
> 近年来，我国陆续出台了一系列针对网络直播的政策法规，旨在加强对直播电商的管理，整治不正之风，为行业健康有序发展夯实基础。例如，《网络直播营销管理办法（试行）》明确了直播营销各方参与主体的责任，《关于进一步规范网络直播营利行为促进行业健康发展的意见》提出加强网络直播营利行为规范性引导。电子商务从业者在开展直播时一定要加强对相关法律规定的学习，避免违规违法。

三、热门的直播电商平台

随着直播电商的迅猛发展，许多直播电商平台也如雨后春笋般涌现，比较热门的直播电商平台有点淘、抖音直播、快手直播等。

1. 点淘

点淘是阿里巴巴基于自身的电商资源推出的直播平台（见图8-12），定位于消费类直播。点淘以商品为中心，在点淘观看直播的用户会有类似逛街的感觉，且购物目的相对明确。点淘依托淘宝强大的商品供应能力、用户数据分析能力、支付保障和售后保障体系，可以为用户提供全面的商品品类和有保障的服务。点淘的用户中，女性占比稍高，整体偏好于女装、美妆、母婴、食品类直播内容。

2. 抖音直播

抖音最初是一个短视频平台，在直播兴起后推出了直播功能。抖音的直播内容呈现出娱乐化、多样化和商业化的特点。在抖音直播中，美妆和服饰类商品的占比较高，带货模式以"短视频＋直播"为主，即将短视频与直播运营结

图 8-12　点淘　　图 8-13　直播引流短视频

合在一起，通过短视频为直播引来大量低成本的自然流量，图 8-13 所示为直播引流短视频。

3. 快手直播

快手直播和抖音的直播模式类似，但相比于抖音，快手注重下沉市场，对流量均匀分发，很受三、四线城市用户喜爱。快手直播内容真实、接地气，主播有亲和力。主播常亲切地称呼用户为"老铁"，主播与用户之间更像是朋友，用户也更加信任主播。基于这样的粉丝基础，快手直播的转化率较高。

> **专家指导**
>
> 此外，京东、拼多多、小红书、微信视频号、哔哩哔哩等平台也开通了直播功能，依托平台自身的流量，跻身主流直播电商平台之列。

任务实施

实训一　使用钉钉进行移动办公

【任务背景】

小刘开了一家小型电商公司。由于公司成员常外出办事，为提升团队的办公效率，小刘打算在公司推行钉钉移动办公，以便召开视频会议、撰写并分享工作日志。

【任务目标】

（1）了解移动办公的相关知识。

（2）能够在钉钉中创建团队、召开视频会议、撰写并分享工作日志。

【操作步骤】

本次实训可以分为创建团队、召开视频会议、撰写并分享工作日志3
个部分。

微课视频

使用钉钉进行
移动办公

1．创建团队

小刘首先需要在钉钉中创建团队，并邀请成员加入，具体步骤如下。

（1）打开钉钉 App 首页，点击"创建团队"按钮，如图 8-14 所示。

（2）在打开的界面中输入团队信息，点击"完成创建"按钮，如图 8-15 所示。

（3）在打开的界面中点击"手动添加成员"按钮，打开的界面中将显示一个二维码，
点击"保存到手机"按钮保存二维码，如图 8-16 所示，然后点击"完成"按钮。后续可以
将其发送给需要邀请的成员，对方扫码即可加入团队。

图 8-14　创建团队　　　　图 8-15　输入信息　　　　图 8-16　保存二维码

2．召开视频会议

要召开视频会议，小刘需要先预约会议，并提前将会议号发送给团队成员，所有人在
会议开始前加入会议，具体步骤如下。

（1）在钉钉 App 首页的"行政"栏中点击"视频会议"按钮，在打开的"会议"界面
中点击"预约会议"按钮，如图 8-17 所示。

（2）在打开的界面中设置会议信息，包括会议标题、会议开始和结束时间，然后点击
右上角的"完成"按钮，如图 8-18 所示。

（3）打开的界面中将显示预约会议的详细信息，点击会议号所在行复制会议号，如
图 8-19 所示，将其发送给需要邀请的与会人员。

（4）当会议即将开始时，打开"会议"界面，此时可以看到已预约的会议，点击该会议
选项，在打开的界面中点击"加入会议"按钮，随后将显示会议主题，点击下方的"加入会
议"按钮进入视频会议室。

（5）当会议结束时，点击右上角的"结束"按钮，在打开的列表中选择"结束会议"选
项，结束视频会议。

图 8-17　预约会议　　　　图 8-18　设置会议信息　　　　图 8-19　复制会议号

3. 撰写并分享工作日志

一天的工作结束了，小刘需要撰写工作日志，总结当天的业绩情况，并将其分享给同事，具体步骤如下。

（1）在钉钉 App 首页点击"日志"按钮，在打开的"写日志"界面中选择"业绩日报"选项，如图 8-20 所示。

（2）在打开的"业绩日报"界面中填写相关内容，点击"发送到人"对应的"⊕"按钮，如图 8-21 所示，在打开的"选择日志接收人"界面中点击选择接收人对应的选项，然后点击右下角的"确定"按钮，返回"业绩日报"界面，点击底部的"提交日志"按钮。

（3）在打开的"看日志"界面中可以看到写好的日志，以及日志接收人是否已读，如图 8-22 所示。

图 8-20　选择"业绩日报"选项　　　图 8-21　填写日志内容　　　图 8-22　查看日志

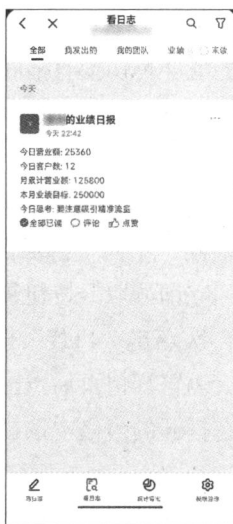

【总结考核】

总结本次实训的操作过程并回答下面的问题。

（1）使用钉钉进行移动办公体现了移动电商的_____特点。

（2）就本次实训的操作而言，移动办公的优势是_____。

实训二　在点淘中进行直播购物

【任务背景】

小孙最近听朋友反复说起点淘，朋友告诉他，在点淘直播间购物可以直观地了解商品，还可以与主播互动，十分有趣。正好小孙十分喜欢趣味性、互动性强的购物方式，因此他想体验一下在点淘中进行直播购物，包括与主播互动、领优惠券、下单支付等操作。

【任务目标】

（1）巩固直播电商的相关知识。

（2）掌握在点淘中观看直播、与主播互动、分享直播间、查看商品讲解、领取优惠券以及下单支付的方法。

【操作步骤】

在点淘中进行直播购物的具体操作步骤如下。

（1）打开点淘 App，选择界面上方的"直播"选项，进入直播界面。

（2）点击进入直播间，观看直播，点击下方的文本框，在打开的窗格中输入与主播互动的文字，这里输入"今天有抽奖活动吗"，点击右侧的"发送"按钮发送弹幕，如图 8-23 所示。

（3）点击左上角的"关注"按钮，关注该直播间。点击右下角的"点赞"按钮，为直播间点赞。

（4）点击"分享"按钮，在打开的列表中选择"微信"选项，在打开的窗格中点击"去微信粘贴给好友"按钮，如图 8-24 所示，然后前往微信打开聊天界面粘贴发送，将直播间分享给微信好友。

（5）上滑屏幕切换直播间，这里切换到某鲜花饼品牌的直播间。点击右下角的"口袋"按钮，在打开的"宝贝口袋"窗格中浏览直播间上架的商品，点击一款商品对应的"看讲解"按钮，如图 8-25 所示，在打开的界面中观看该商品的讲解片段，然后点击"回到直播"按钮。

（6）点击直播间界面右侧的"优惠券"按钮，在打开的界面中查看领取优惠券的要求（不同直播间、不同优惠券的要求不同），这里的要求为观看满 1 分钟，若已满足要求，直接点击"立即领取"按钮领取，如图 8-26 所示。

（7）再次点击"口袋"按钮，在打开的窗格中点击一款商品对应的主图，进入该商品的详情页，浏览详情后点击右下角的"立即购买"按钮，如图 8-27 所示。

（8）在打开的窗格中选择收货地址以及商品的类别，点击"立即支付"按钮，如图 8-28 所示。

（9）在打开的"确认订单"界面中点击"提交订单"按钮，在打开的窗格中选择支付方式，然后点击"确认付款"按钮完成订单支付。

图 8-23　发送弹幕

图 8-24　分享直播间

图 8-25　看讲解

图 8-26　领取优惠券

图 8-27　立即购买

图 8-28　立即支付

【总结考核】

总结本次实训的操作过程并回答下面的问题。

（1）在直播间发送弹幕体现了直播电商具有＿＿＿＿＿＿＿＿＿＿＿＿＿的特点。

（2）按照直播商品来源分类，本次实训中某鲜花饼品牌直播的类型为＿＿＿＿＿＿。

实训三　在淘宝逛逛中体验内容电商

【任务背景】

一天，小夏打开淘宝 App，偶然进入了逛逛界面，发现里面有很多与商品相关的短视频。浏览后，她看中了某短视频中介绍的商品。朋友告诉她，点击左下角的"TA 提到的宝贝"

按钮就能进入详情页购买。小夏觉得这种购物方式很新奇，于是便准备在淘宝逛逛中多多体验一番。

【任务目标】

（1）了解内容电商的具体运作模式。

（2）能够在淘宝逛逛中浏览内容并购物、发布内容。

【操作步骤】

小夏先在淘宝逛逛中浏览内容并购物，然后发布内容分享了购买的商品，具体步骤如下。

1. 浏览内容并购物

在淘宝逛逛中浏览内容的同时可以看到内容关联的商品链接，点击链接可进入详情页下单，具体操作步骤如下。

（1）打开淘宝 App，在底部点击"逛逛"按钮，在打开界面的顶部选择"发现"选项，在打开的"发现"界面中简单浏览系统推荐的内容。

（2）点击一条感兴趣的图文内容，在打开的界面中可看到发布账号、内容包含的文字与图片，如图 8-29 所示，点击图片下方的商品链接，进入该商品详情页浏览。

（3）返回内容显示界面，点击图片右下角的"找同款"按钮，在打开的界面中可以查看图片中的商品同款，如图 8-30 所示，点击同款商品的主图，进入该商品的详情页进行浏览。

（4）返回"发现"界面，点击一条短视频，在打开的界面中观看短视频。

（5）点击左下角账号头像旁的"关注"按钮，关注该账号。点击底部的"收藏"按钮收藏该内容，如图 8-31 所示。

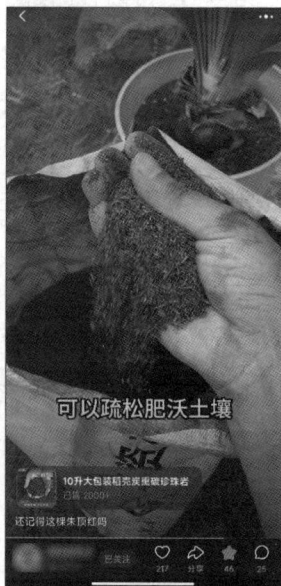

图 8-29　查看图文内容　　　　图 8-30　找同款　　　　图 8-31　收藏短视频

（6）点击短视频界面下方的商品卡片，进入该商品的详情页进行浏览，点击"立即购买"按钮，按照界面提示下单付款，完成购物。

2. 发布内容

在淘宝逛逛中还能发布内容，分享自己对某商品的使用感受，具体操作步骤如下。

（1）返回"发现"界面，点击右上角的"相机"按钮，在打开的界面中点击需要发布的商品图片，点击出现的"直接发布"按钮。

（2）在打开的内容编辑界面中填写标题和文字内容，点击"宝贝/店铺"栏，如图8-32所示，打开的界面中会显示自己近期在淘宝买过的商品，点击选择相关的商品，点击"确定（1）"按钮，如图8-33所示。

（3）返回内容编辑界面，点击"话题活动"栏，在打开的"话题"界面的左侧列表中选择"美食"选项，在右侧点击需要的话题，这里选择"好价美食好物"选项，如图8-34所示。

（4）返回内容编辑界面，选中底部的"我已阅读并同意淘宝内容创作者协议"单选项，最后点击"发布"按钮。在打开的界面中将看到所发布的内容的显示效果，点击"TA提到的宝贝"按钮可进入内容关联商品的详情页。

图8-32　点击"宝贝/店铺"栏　　图8-33　选择相关商品　　图8-34　选择话题

【总结考核】

总结本次实训的操作过程并回答下面的问题。

（1）从本次实训可以看出，内容电商主要依靠_____来吸引用户。

（2）就本次实训中发布的沙琪玛相关内容而言，商品在内容中的表现方式为_____

📔 案例分析

案例一　小红书的内容电商模式

小红书创办于 2013 年，起初是一个海外购物交流社区，随后其内容和规模不断扩大，逐渐成长为一个月活跃用户数超过两亿的内容平台。小红书上的购物交流气氛浓厚，后来其积极接入电商功能，将内容与电商结合起来，逐渐发展成为一个具有代表性的内容电商平台。

一、小红书平台的特点

从一个默默无闻的小众社区成长为知名度较高的主流平台，小红书可谓异军突起。小红书之所以能获得这样的成绩，很大程度上是因为具有以下特点。

1. 内容至上

小红书以"内容至上"为核心理念，鼓励用户分享真实的生活经验和购物心得，对用户生成的高质量原创内容给予大量流量。因此，小红书上能源源不断地生产出高质量的内容，进而吸引更多优质用户，使平台的内容生产进入良性循环。

在小红书上，内容始终优先于电商，小红书对于直白的硬广告有所限制，旨在优化用户体验，这也让小红书在内容电商的发展道路上走得更踏实。

2. 内容生活化

小红书的定位是生活分享社区，其内容大多贴近日常生活，主要涉及美妆、时尚、健康、旅行、美食、宠物等方方面面，可以满足不同用户的需求。因此，用户使用小红书，首先是分享生活、获取实用信息，而不是购物，这使得小红书与大众点评等纯消费决策平台区分开来，用户使用后者的目的单纯——辅助消费决策，而小红书则以更丰富的内容吸引用户，拥有更强的用户黏性。

3. 社交属性强

小红书强调用户之间的互动。用户不仅可以发布笔记进行讨论、提问，还可以在某一话题（可以细化到各种小众的兴趣爱好，如骑行、养护绿植、手工等）下互动、交流，形成了一个个网络小社区。近年来，小红书上火热的各种户外活动（如飞盘、露营）就是这方面的典型体现。较强的社交属性无疑提升了小红书的用户活跃度。

4. "种草"氛围浓厚

小红书上有浓厚的"种草"氛围，用户在小红书上分享个人的消费体验，通过真实的图片和真挚的文字，展示试用过的好物、推荐的品牌，以及商品的实际使用技巧。这种直观而真实的信息传递，能让其他用户更直接地感受到商品的特色和实际效果。这样的分享形成了一种信任基础，使得小红书成为影响用户消费决策的关键平台。

5. 用户质量高

小红书的用户群体以女性用户居多，其中 50% 居住于一、二线城市，具备较高的学历和收入水平。这一群体表现出强烈的品牌敏感性，特别关注时尚、美妆、健康等领域的品牌，喜欢尝试新的商品，追求商品的质量和口碑。她们注重个性和独特性，热衷于追求精致的生活方式，对新知识和新趋势充满好奇，具备强烈的分享欲望。这些用户特质都十分有利于内容电商的发展。

二、小红书的运作模式

小红书的运作模式主要基于内容电商的理念，通过巧妙设计的"种草"和"拔草"机制，将用户的兴趣转化为实际的购物行为，实现了内容生成与电商交易的高度整合，促使平台形成了强大的内容电商生态系统。

1."种草"机制

用户在小红书上通过内容创作和分享，特别是商品试用体验、购物分享等形式，将自己对商品的认可和好评转化为生动的文字、图片或视频内容，如图8-35所示。这些内容直观而真实，很容易激发其他用户的购买欲望。某用户在被其他用户的内容"种草"时，即产生了对某个商品的兴趣或购买冲动。

2."拔草"机制

小红书通过多个交易渠道促使用户"拔草"（"拔草"既可以指对喜欢或者感兴趣的东西进行购买或者体验，又可以指消除对某东西的购买欲望，这里取前者之意），即让用户在平台内完成购买。具体来说，小红书的交易渠道有以下4种。

（1）小红书商城。小红书商城位于小红书"首页"的"购物"导航栏中，如图8-36所示。用户在小红书上分享、浏览笔记时，如果被"种草"，可以直接到小红书商城搜索商品并购买。

（2）商品笔记。品牌可以在笔记左下角植入商品的购买链接，如图8-37所示，用户被笔记内容打动后可以直接点击链接购买，不必再去其他地方搜索。

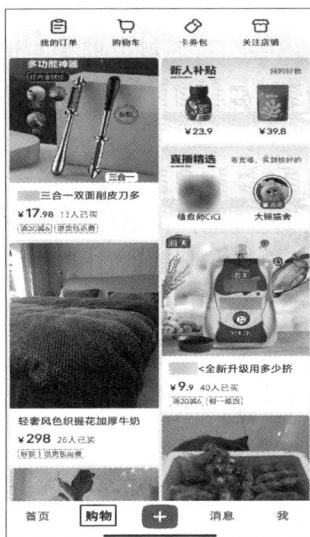

| 图 8-35 "种草"内容 | 图 8-36 小红书商城 | 图 8-37 商品的购买链接 |

（3）品牌店铺。品牌账号可在主页上设置专属店铺。用户被品牌账号发布的内容吸引，点击进入其主页后，可能会进入品牌店铺挑选商品。

（4）直播"带货"。品牌也可以在小红书上开设直播，通过直播"带货"推动用户完成"拔草"。

从"种草"到"拔草"，小红书打造了一个商业闭环，让用户在平台上被"种草"后，可通过方便的交易渠道迅速完成购买，无须离开小红书。这一闭环不仅可以缩短用户的购物决策时间，提升用户的购物体验和满意度，还在一定程度上避免了用户在小红书上浏览内容后前往淘宝等平台下单的情况，为小红书的电商业务带来了新的增长点。

三、案例思考

（1）小红书是如何打造从"种草"到"拔草"的商业闭环的？

_____

_____

_____

_____

（2）作为一个内容电商平台，小红书为什么能取得成功？

_____

_____

_____

案例二　从点淘看直播电商

点淘是淘宝网孵化的直播平台，属于电商类直播平台，拥有"强电商、弱娱乐"属性，旨在为用户提供一个在线上"逛街"、发现商品的消费场景，通过直播形式呈现多样化的商品内容。它通过电商平台的流量带动直播流量，实现商家边直播边销售、用户边观看边购买的营销目的。

案例解说

一、点淘的发展历程

点淘的前身——淘宝直播于2016年3月开始试运营。在试运营阶段，淘宝直播吸引了千万级别的粉丝关注。某网络达人更是在试运营时创下了直播2小时成交额约2000万元的纪录。同年5月正式上线后，淘宝直播完善了产业链，丰富了商品品类和主播类型，并着力扶持主播的发展。

2017年"双十一"期间，淘宝官方组成的主播团累计开播8032场，共计3.6万小时，通过直播引导进店预估数达到7853万次。

2019年，直播电商进入爆发期，淘宝直播上的知名主播不断刷新直播"带货"数据，帮助淘宝直播成为领先的直播电商平台。

2020年9月，淘宝直播宣布全面开放五大直播技术和能力，使中小平台、商家、主播能够共享直播带货的高速增长红利，以促进整个直播电商行业的繁荣。

2021 年 1 月，淘宝直播推出了独立 App，正式改名为"点淘"。用户可以在点淘 App 中观看直播和短视频，进行商品购买和订单管理。

根据星图数据发布的《2023 年电商发展报告》，点淘 2022 年市场份额为 23%，仅次于抖音、快手。

二、点淘的基本情况

点淘之所以能取得如今的市场地位，在很大程度上与商品丰富、用户优质、主播专业、用户保障全面等有关。

1. 商品丰富

点淘的产业链完善，货源主要由品牌方、生产工厂以及产品基地提供，覆盖丰富的商品品类，包括美妆、服饰、母婴、食品、3C 数码、汽车、图书音像、家装、运动户外等。其中，热门品类有服装、美妆、母婴、食品、珠宝饰品等。

2. 用户优质

点淘的用户源于两方面：淘宝自身用户以及知名主播的忠实粉丝。在点淘的用户中，女性用户占比超过 60%，主要偏好服装、美妆、食品等品类；男性用户偏好数码、家电、运动户外等品类。用户年龄跨度大，以 26 ～ 40 岁的中青年群体为主力，主要集中于一、二线城市，活跃时间主要在晚上 6 点之后，高峰在晚上 9 ～ 10 点。

3. 主播专业

在点淘中，主播类似于线下商场中的导购，通过直播与用户互动，解答各类疑问，提供专业的购物建议。就主播来源而言，点淘与名人、网络达人、知名主播达成合作，同时自行培养专业主播，这些主播在点淘上以达人直播的形式进行直播。此外，品牌也可以签约主播为自己直播（即企业自播）。

4. 用户保障全面

用户在点淘购物享受与淘宝中相同的物流和售后权益，包括发货时间不能超过 72 小时（大促期间等特殊情况除外）、7 天无理由退换货服务、发生售后分歧官方介入等，让用户的购物有所保障。

三、点淘的核心竞争力

点淘在淘宝直播战略布局中具有重要地位。通过突出电商属性、整合淘宝电商生态和强调直播与电商的融合，点淘成功地为用户提供了一个综合性的消费生活类直播平台。点淘的核心竞争力主要包括以下 3 点。

1. 直播电商交易体系成熟

点淘依托淘宝电商平台，具有完善的电商产业链。这包括强大的商品供应链、用户数据分析能力、支付保障和售后服务体系。这些因素使点淘能够为商家提供全方位的用户运营链路和可靠的交易服务。

2．广大的用户规模

点淘作为淘宝的官方直播平台，能够充分利用淘宝的庞大用户基础。用户可以在淘宝App 首页的醒目位置找到点淘的入口，这能为点淘引来巨大的流量，此外点淘独立的 App 也拥有相当数量的活跃用户。

3．电商属性的深度融合

点淘在定位中突出了电商属性，点淘中的直播完全为商品销售服务，用户的购物意向较明确。点淘的商品详情页直接引用了淘宝中成熟、完备的商品详情页，能够帮助用户详细了解直播间的商品。另外，用户在观看直播的同时能够直接进行商品购买和订单管理，实现了观看和购物的无缝融合。

四、案例思考

（1）淘宝为点淘的发展提供了哪些支持？

_____
_____
_____
_____

（2）与抖音、快手相比，点淘的电商属性强、娱乐属性弱，这为点淘带来了哪些优、劣势？

_____
_____
_____
_____

项目总结

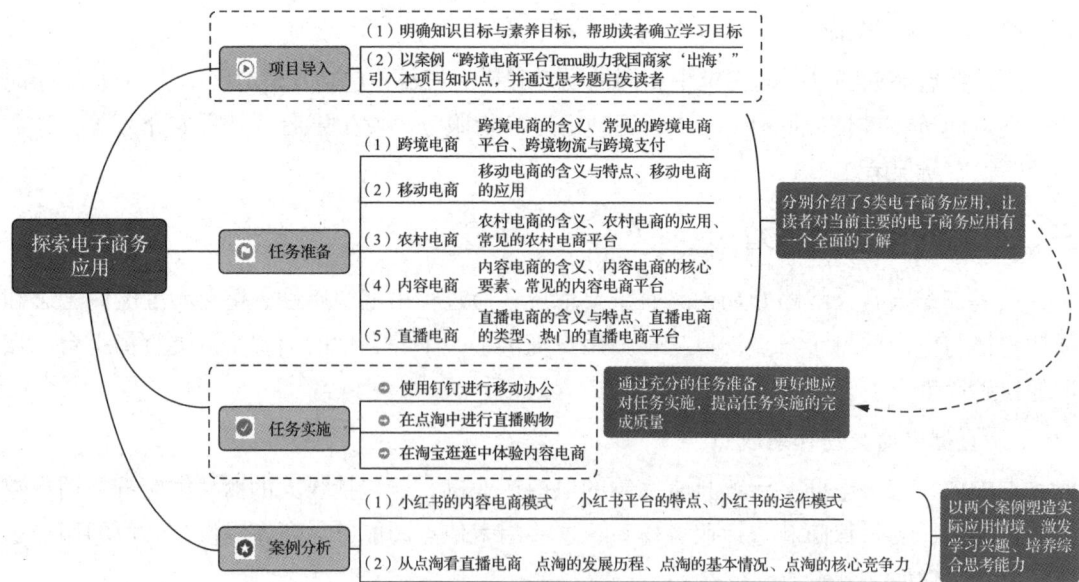

巩固提升

1. 名词解释

（1）跨境电商　　（2）内容电商　　（3）直播电商

2. 单项选择题

（1）移动电子商务的特点不包括（　　）。

　　A. 开放性　　　　B. 即时性　　　　C. 便捷性　　　　D. 无偿性

（2）跨境电商是一种（　　）。

　　A. 多边经贸合作模式　　　　　B. 国际商业活动

　　C. 不同国家（地区）之间的商贸合作　D. 文化交流活动

（3）（　　）是指通过提供有吸引力和有价值的内容，激发用户购买欲望，从而达到销售商品或服务的一种商业模式。

　　A. 内容电商　　　B. 即时电商　　　C. 兴趣电商　　　D. 货架电商

（4）下列关于内容电商的说法，不正确的是（　　）。

　　A. 内容电商中，用户在浏览信息时没有强烈的消费心理，更注重感性需求

　　B. 内容电商的核心要素包括优质内容和内容生产者

　　C. 内容电商依靠关键词优化来获取流量

　　D. 内容电商借助内容为用户提供了更丰富的购物体验

3. 多项选择题

（1）完成跨境电子商务，下列选项中属于不可缺少部分的有（　　）。

　　A. 跨境物流运输系统　　　　　B. 跨境电子商务平台

　　C. 跨境支付结算　　　　　　　D. 无人配送

（2）跨境物流的方式主要包括（　　）等。

　　A. 邮政包裹　　　B. 国际快递　　　C. 专线物流　　　D. 海外仓储

（3）以下属于农村电商应用的有（　　）。

　　A. 农资电商　　　　　　　　　B. 农产品电商

　　C. 农村旅游电商　　　　　　　D. 农村金融电商

（4）按照直播形态，直播电商可分为（　　）。

　　A. 卖货型直播　　　　　　　　B. 场景引入型直播

　　C. 教学型直播　　　　　　　　D. 供应链型直播

4. 思考题

（1）内容电商与传统货架式电商有什么区别？

（2）直播电商有什么特点？

（3）移动电商的应用有哪些？结合本项目内容谈谈你对移动电商的看法。

（4）农村电商对于我国农村、农业发展有何积极意义？

5．技能实训题

（1）完成以下移动电商相关操作。

- 打开网易云App，浏览主页推荐的歌曲，点击进行试听。

- 打开网易云课堂App，浏览其中的课程，报名一门自己感兴趣的课程，观看直播课程，在评论区与老师、同学互动。

- 打开春雨医生App，浏览医学科普文章；查看商城内的药品信息，探索药品购买流程；尝试在该平台上按科室找医生，探索在线问诊的流程。

（2）完成以下跨境电商相关操作。

- 进入天猫国际网页，查看五大类目下的细分类目；点击一款商品，查看商品详情页，了解该商品的发货地、物流运输流程和税费等方面的情况。

- 进入WorldFirst官方网站，注册账号，完成实名认证，开通收款人账户，并向他人转1元钱。

（3）进入乐村淘首页，简单浏览首页后，完成以下任务。

- 查看乐村淘的商品分类，看看乐村淘都经营哪些商品品类。

- 进入乐村淘"特色馆"板块，看看其经营的商品有什么特色。

- 将一款商品加入购物车，探索乐村淘的购物流程。